老祖宗说节令

郭梅 童涵冰 著

U0898734

浙江古籍出版社

前言

夏天晚饭后，院子里，星空下，听爷爷摇着扇子讲过去的故事。蝉鸣声声，偶尔有蚊子叮咬两口，黑夜中，凉风吹来，也吹来那些陌生又熟悉的事情。陌生是因为我们从未经历过，熟悉是因为来自我们老去的或者逝去了很久很久的亲人。“天阶夜色凉如水，坐看牵牛织女星。”小时候我们用聆听爷爷辈的故事，仰望辽阔的星空，打发用不完的精力和无处释放的想象力。我们就在那一刻穿越时空，接触到了过去，体验着当下，又对未来无限向往。

每个人心里都有一块童年圣地，它供人们在那里安静地倾听，自由地想象。而编写这套“老祖宗说”也正是起源于这样的情怀。也许你是一个人倾听，也许是兄弟姐妹围坐在一起倾听，我希望亲爱的读者，你，在听爷爷讲故事的心境和氛围里来倾听我们共同的“老祖宗”，给你讲讲中国先人的那些事。也许首先你会觉得新鲜，然后觉得似曾相识，甚或发现我们的内心，找到自己依傍的信念、灵魂中回响着的祖先的声音。

为此，编者特请了六位对传统文化有深入了解的作者，从中国传统文化中挑选了六道大菜呈上，让“老祖宗”来说说中国古代的节令、饮食、游艺、礼仪、汉字和书法。“老祖宗”将借助历代典籍、诗歌、书画、文物等讲述我们先人的生活，也会提及那些“旧东西”在今天的变体。

万事都有自己的根源，不可能凭空而生。“老祖宗说”这套书，就是想带你追索我们共同的民族记忆，顺着凭我们自己难以寻觅的瓜藤，去摸一摸那只“古老的瓜”。那么，就搬来椅子、板凳甚至席地而坐，一起来听听“老祖宗”说了些什么吧！

序

元曲名家吴弘道在其《斗鹌鹑》套曲中说:“寒来暑往，兔走乌飞，节令相催。”中华民族的传统节日是和我国传统的农历时令联系在一起的，也就是节令。我国的节令文化历史悠久、源远流长，其中包括二十四节气与除夕、端午、中秋等重要的传统节日。

早在春秋战国时期，人们便利用土圭测量日影来确定春分、夏至、秋分、冬至这四个节气。随后，人们观测日月运行的变化，同时观察动植物生长等规律，将一年平均等分成二十四份，并根据每等份的特点取了个相应的名字，这便是二十四节气。在西汉刘安的《淮南子·天文训》中，二十四节气的称法与现代完全一致，这便是中国历史上关于二十四节气最早的记录。

二十四节气由古人根据我国农历历法编成，主要用来指导农业生产活动——立春、春分、立夏、夏至、立秋、秋分、立冬、冬至这八个节气反映季节的更迭，并清楚地区分一年四季，其中，立春、立夏、立秋、立冬合称“四立”；小暑、大暑、处暑、小寒、大寒五个节气则体现了冷暖的更替；此外，反映天气现象的七个节气是雨水、谷雨、白露、寒露、霜降、小雪、大雪；动植物的生长发育及活动规律则通过惊蛰、清明、小满、芒种这四个节气来表现。二十四节气反映了不同季节、气候的变化对人们耕作及生活带来的影响，故而古人将不同的节令平均地放置在一年四个季节中，既可看作是划分时间的坐标，其中也蕴含着天文历法、节庆祭祀、医药食宿等传统文化与智慧。

中国的传统节日除了古人最为重视的三节，即除夕、端午和中秋之外，还有元宵、七夕、重阳等。作为中华民族悠久历史文化的一个不可或缺的组成部分，这些节日不仅与中国人的生活紧密相关，且节日庆贺的丰富形式以及其中所包含的深厚意蕴更折射着中国人民生活的社会面貌与精神状态。

本书按照春夏秋冬的时序依次展开关于中国传统节气与节日的多彩画面，所写内容既包括节气、节日的特点及风俗，也涉及与之相关的传说故事与文学艺术知识。通过对这些节气、节日特点及风俗的了解，华夏沃土上各具特色的生活图景扑面而来。

北方的广袤率真和南方的灵秀精致，春日的憧憬和秋天的期待，都在这年复一年节令的更迭之中，也见之于传统节令文化的不断调整与丰实。这些在百姓生活中早已习以为常的传统习俗既体现了中华文明源远流长的深邃与博大，也展现了千百年来中国人善于思考、洞察真理的生活哲学和智慧。而与之相关的传说故事与文学艺术知识，则在为那些早已消失在历史幽深处的记忆与往事提供佐证的同时，也更为深层次地展示了中国人的精神世界与风致品格，而这些，亦早已成为中国人的精神骨血和文化根脉。

郭　梅

2016年3月

目录

第一章 春

绿杨烟外晓寒轻　红杏枝头春意闹

第二章 夏

芳菲歇去何须恨　夏木阴阴正可人

第三章 秋

自古逢秋悲寂寥 我言秋日胜春朝

第四章 冬

天时人事日相催 冬至阳生春又来

走进中华传统文化
畅享华夏文明之旅

第一章 春

绿杨烟外晓寒轻
红杏枝头春意闹

三月三

雨水 三月二 社日

谷雨 春

谷雨

惊蛰

二月二

寒食清明

惊蛰 立春

花朝

春分

春来阶砌，春雨如丝细。春地满飘红杏蒂，春燕舞随风势。春幡细缕春缯，春闺一点春灯。自是春心撩乱，非干春梦无凭。

——五代·欧阳炯《清平乐》

立春 春驻心间

句芒，是春神，是我国古代神话故事中东夷族首领西方天帝少昊之子，名为重。“句芒”二字说的是春天草木生长，枝繁叶茂，彼此纠缠、蜿蜒，隐含着春的美丽与生命的延续。他是主宰草木和各种生命生长之神，也是主宰农业生产之神。句芒虽长着一张人的脸，但身子却形同鸟类，所以他的部族以鸟为图腾。他驭双龙、着白衣，身长三尺六寸五分，象征着一年三百六十五天；手执的柳鞭长二尺四寸，象征一年有二十四个节气。他与人首蛇身且为人类始祖的东方天帝伏羲一同掌管着春天。

祭句芒的习俗一直可以追溯到周代。相传春秋时期的秦穆公是一位贤明的君主，他唯贤是用、赏罚分明且厚待百姓，上天为了褒扬他美好的品德，遂令春神句芒多给了他十九年的阳寿。从此，每年立春前一天，民间便要祭祀春神句芒，称之为迎春。迎春时常要请大班鼓吹，还有抬阁、地戏、秧歌这样热闹非凡的活动。那些在冬的寒冷里蛰伏了太久的生命，他们的心底始终都住着一个永不凋谢的春天，所以每逢立春之日，他们都要以感官上最为热烈的姿态表达内心对于春暖花开的盼望与憧憬。

立春，为每年的2月3日或4日，在中国的二十四节气中排在最前头，这

既是干支历中一年的开始，同样也预示着新一轮节气的轮回。“立”有开始的意思。这一刻起世间万物都将悄然苏醒，静候着春的繁华与热烈。虽然立春是春的开端，但事实上，此时的春意依旧隐藏得很深很深，很多地方仍然被困在冬的萧索里。这时也许依然会飘雪，但这雪是春雪。

立春的风俗活动颇为丰富，其中大多亦延续至今。

立春当日要鞭打泥做的春牛，并将它打碎，大家争抢，称“打春”或“抢春”，有些地方认为抢得牛头最为吉利。鞭春牛与周代的“出土牛”有渊源。《礼记·月令》载：“（季冬之月）命有司，大难旁磔，出土牛，以送寒气。”土牛，即泥土制的牛。这一活动固定于立春之日，始于汉。古有《春牛芒神图》，对春牛芒神的尺寸规格也有规定：春牛身高四尺，象征四季；身长八尺，代表春分、秋分、夏至、冬至、立春、立夏、立秋、立冬八个节气；牛尾长一尺二寸，象征一年十二个月；春牛旁的牧童名叫芒神，身高三尺六寸五分，代表一年三百六十五天；牧童手拿长二尺四寸的鞭，则代表二十四节气。

▲《春牛芒神图》

为何要鞭打春牛？牛为丑，丑指农历十二月，故将土牛打碎，即表示丑月已经送走，意谓腊尽。且鞭打春牛也有“催牛耕作”之意。宋代高承编撰的专记事物原始之属的《事物纪原》载：“周公始制立春土牛，盖出土牛以示农耕早晚。”后世历代封建统治者在立春之日都要举行鞭春之礼，引春牛而击之曰“打春”，意在鼓励农耕，发展生产。民间有首春字歌描述的就是打春牛的情景：“春日春风动，春江春水流。春人饮春酒，春官鞭春牛。”

鞭春牛

鞭春牛时，还有唱民歌的习俗，称“唱春牛”。民国时，扮春官的人往往是一些乞丐。立春后的那天早晨，春官们先是聚拢在一起鞭牛，神态欣悦、精神抖擞，而县令与地方主事也要参与其中。他们手执纸鞭鞭牛，一边抽打一边唱：

一鞭曰风调雨顺，二鞭曰国泰民安，三鞭曰天子万岁春。

东北地区亦有类似民谣：

一打风调雨顺，二打地肥土暄，
三打三阳开泰，四打四季平安，
五打五谷丰登，六打六合同春，
七打七星高照，八打八方吉祥，
九打九州太平，十打十全十美。

女子在这一天则要剪春幡插在头上。南朝梁宗懔的《荆楚岁时记》载曰：“立春之日，悉剪彩为燕戴之，帖‘宜春’二字。”可见女性立春佩戴春幡的习俗，应最迟始于汉末魏晋，从此历代沿袭，形成了风味十足的立春文化。立春之日佩戴的春幡最早用的是盛开在春日之中的花朵，后来春幡的形态逐渐被布帛或彩纸所取代，有春花、春燕、春柳、春凤等样式。戴春幡既可以禳凶邪，又可求吉福，还有迎春之意，以此来期待美好一年的开始。故南宋词人辛弃疾《汉宫春·立春日》词云："春已归来，看美人头上，袅袅春幡。"在清代，粤北、粤东客家"簪春花"的习俗就是由立春日戴春幡演化而来。此外，立春还需"浴兰汤"，即将白芷、桃皮、青木香（马兜铃的根）这三味药煎汤沐浴，既可散风除湿，又有清热解毒的功效。

立春也是自古以来汉族的一个重要的传统节日，不仅百姓十分在意，天子也重视有加。立春之时，天子亲自率领臣子前往东郊迎春以祈求来年的丰收，周朝天子在举行"立春"仪式前需经过三天斋戒，然后亲自率领三公九卿及诸侯大夫前往东方八里之郊迎春，以祈求风调雨顺。而之所以要去东郊迎春，是因为迎春活动所祭拜的神明句芒居于东方。

宋代时，迎春活动举行的地方已不只限于东郊，而从郊外迁至宫舍了。这一官方习俗亦一直延续到了清代。立春前一日，顺天府（明清两朝指北京地区）官员前往东直门外一里地的春场，在那里，一场盛大的迎春仪式如期而至；到了立春当天，礼部呈送春山宝座，顺天府则要呈送春牛图，礼成后方可折返。

对于现代人而言，最为熟悉的立春习俗大概莫过于"咬春"了。"咬"字不免令人想起美食，"咬春"咬的是春饼和萝卜。比如老北京习惯用从宝元斋糕点房买的春饼包上炒菠菜、炒韭菜、绿豆芽和摊鸡蛋等，讲究的还要卷上天福号的酱肘子，夹上羊角葱丝，再佐以六必居的甜面酱，有的还要来上一碗豆汁或小米粥，好一顿丰盛有趣的节日美食。老北京吃春饼很是讲究：春饼卷成筒状，必须要从头吃到尾，即所谓的"有头有尾"。

"咬春"最好不要忘了嚼几口萝卜。《燕京岁时记》说："是日，富家多食春饼，妇女等多买萝卜而食之，曰‘咬春’，谓可以却春困也。”古时，萝卜被称为芦菔。苏东坡有诗云：“秋来霜雪满东园，芦菔生儿芥有孙。”旧时药典记载，萝卜药用价值极大，常食不仅可以缓解春困，还有理气、养身、祛病之效，不可小觑。看来古人在立春之日吃萝卜也是别有深意的。

在古代还有一种立春的节令美食——春盘。即将蔬果、春饼等装盘后馈赠亲友或与家人一同享用。杜甫《立春》诗有云：“春日春盘细生菜，忽忆两京梅发时。”其实，春盘早在晋代时就有了。那时“五辛”常被用作春盘的食材，故而春盘也被称为“五辛盘”。所谓五辛盘，明代李时珍在《本草纲目》中解释说：“五辛菜，乃元日、立春以葱、蒜、韭、蓼蒿、芥辛嫩之菜杂和食之，取迎新（辛）之意，谓之五辛盘。”其实民间对春盘内容并不十分严格，也多有用葱、蒜、椒、姜、芥之类寻常菜蔬的，但总归为辛味的食物。食五辛盘驱除旧年陈气，助发五脏勃然生气，有利于健康，且寓意深远。到了唐宋时期，春盘更是风靡一时。每年立春前一日，皇帝都要赏赐百官春酒春盘，摆盘极为精致、考究。

春饼就是薄薄的面饼，用来卷炒菜和熟菜吃。

炸春卷以肉或素食为馅，叫作“探官蚕”，因为时值立春，又名“探春蚕”。

春盘被称为“五辛盘”，所谓五辛盘，广义上来说就是用葱、蒜、椒、姜、芥这五种辛辣的食材制作食盘。

炸春卷也是古时春盘中必备的节令美食。旧时京师富贵人家在立春时都要制作这种食物，多以椿树的嫩芽做馅；到了元代，人们则喜欢用羊肉馅，外焦里嫩，味美无比。

立春之俗的“咬春”就是为了留住春天，虽然立春时春天还没有真正到来，但人们心底关于春的记忆却已然渐渐复苏。五代词人欧阳炯就曾连用十个“春”字来描写春天：

> 春来阶砌，春雨如丝细。春地满飘红杏蒂，春燕舞随风势。
>
> 春幡细缕春缯，春闺一点春灯。自是春心撩乱，非干春梦无凭。

也只有心底春意不褪，才能等来生命里的锦绣年华。

▲ 现代·蔡铣《春艳图》

好雨知时节，当春乃发生。
随风潜入夜，润物细无声。
野径云俱黑，江船火独明。
晓看红湿处，花重锦官城。
——唐·杜甫《春夜喜雨》

雨水 润物细无声

北宋嘉祐六年（1061）冬，还不到而立之年的苏轼服完母丧初入官场，出任陕西凤翔签判。翌年初春，干旱经月，百姓忧心如焚，好不容易盼来大雨，畅畅快快下了三天，官民们不由得喜上眉梢，相庆若狂。恰好这时苏东坡新建的亭子落成，他就将之命名为喜雨亭，并写了一篇《喜雨亭记》。正所谓“五日不雨则无麦”“十日不雨则无禾”。如若无麦无禾，由饥荒带来的一系列社会问题恐怕足令执政者如坐针毡了。故而每年二三月的雨水无论对于庙堂还是民间都可以说是举足轻重、兹事体大了吧。

“七九河开，八九雁来。”立春之后的这个与雨密切相关的节气名叫雨水，是二十四节气中的第二个节气，一般为2月18或19日。此时，气温回升、冰雪融化、降水增多，故取名为雨水。中国古代将雨水分为三候：“一候獭祭鱼，二候鸿雁来，三候草木萌动。”说的是水獭会将新鲜捕捞的鱼儿排列在岸边，仿佛是在向神明祭拜许愿，而后再自己美美地享用一番；随着天气转暖，大雁等候鸟亦随着气候的变化而辗转迁徙；天地间勃发的生机催促着草木萌发新的幼芽。

雨水，作为由冬向春的过渡，是一个与农业生产有着紧密联系的节气。

随着雨水的脚步日渐临近，严冬行去的背影渐远，万物开始察觉到回春的暖意继而逐渐苏醒。雨量明显增多更是有利于越冬作物的返青和成长，此时农民又将为选种、施肥等春耕春播而准备忙碌了。雨水与农事息息相关，因此有关的天气谚语也就特别多：

雨水东风起，伏天必有雨。

雨水落了雨，阴阴沉沉到谷雨。

冷雨水，暖惊蛰；暖雨水，冷惊蛰。

农谚还说：

肥不过春雨，苦不过秋霜。

七九八九雨水节，种田老汉不能歇。

▲ 现代·吴琴木《苏东坡喜雨亭图意》

当然，农业丰歉并不只是农人自己的事。远在唐代的一个春夜，深知稼穑艰难的大诗人杜甫见天降甘霖，欣喜地写下了传诵千古的名句："好雨知时节，当春乃发生。随风潜入夜，润物细无声。"万物借着雨水才能彻底复苏，进而呈现出欣欣向荣的春天景象。

为了更好地掌握农事，每年雨水节气期间，"占稻色"便成为农家人预测收成好坏的又一重要民俗。"占稻色"就是通过爆炒糯谷米来预测稻谷的成色，并以此占卜此年稻子收获的丰歉。爆出的糯谷米花越多，稻谷的成色越足，往往意味着高产；反之则产量低。

南宋范成大在他的《上元纪吴中节物》中写有“拈粉团栾意，熬稃腷膊声”，形容的是吴地正月十五包汤圆、炒稻壳的情景，诗人自己又在文后添注了一笔，说以炒糯谷的方式来占卜，俗称“孛娄”，在北方则被叫做“糯米花”。宋代以后，吴越民间就有正月十三、十四“卜谷”的习俗，即将糯谷放入锅中爆炒，若谷米爆白则为吉兆。

后来，以“占稻色”占卜收成丰歉的习俗在一些地方逐渐发生了变化，清代屈大均的《广东新语》中就有相关的描述。在广州地区，每年年末，人们都会用烈火将糯谷爆开，这种做法被称为“炮谷”，而爆开的糯粉还有别的用处——做成煎堆，俗称麻团、麻球。将糯粉揉搓成大小相仿、形状可爱的圆球后，再放入锅中煎炸，口中最好还不忘念上几遍“煎堆碌碌，金银满屋”，出锅后的食物可用于祭祀，亦能馈赠亲友。

也许是因为雨露滋润禾苗壮吧，在这段因为雨水而滋长出幸福与希望的时光里，与之相关的习俗也透着丝丝温暖与爱意。

▲ 缠红带子的藤椅和罐罐肉

古时由于受到医疗条件的限制，很多孩子生了病却无法医治，于是一些地方有在雨水时让孩子拜干爹的习俗，想借助干爹的福气让儿女健康成长；而女儿女婿则要给岳父母送去缠着红带子的藤椅和罐罐肉，以表达内心的感激与尊敬之情。此时长辈则回赠雨伞，寄寓为孩子的人生旅途遮风挡雨之意。

在川西民间，雨水这一天还有一项有意思的习俗——撞拜寄。在那一天的早晨，母亲会领着自家的孩子等在街道的一边，当街对面第一个行人迎面走来的时候，无论男女，母亲就会让自家孩子向对方磕头拜寄，给对方做干儿子或是干女儿，而此举的目的意在保护儿女健康、快乐地长大。

▲长辈给晚辈回赠雨伞

除去这些颇具地域特色又带有时代特征且不乏温情的习俗之外，“养生”也可谓是雨水节气重要的关键词之一。《黄帝内经》上说，“春主肝”且“湿气通于脾”。每年雨水时，人体的肝阳、肝火、肝风都会随着春季阳气的升发而变得旺盛，而肝木易克脾土，稍不注意便会损脾伤胃；加之雨水渐多，湿气不断加重，也会对脾胃造成负担。故而雨水节气，最应关注脾胃的养护，南汤北粥虽体现了不同地域环境中人们养生理念与方式的差异，却也可谓是殊途同归。唐代医药学家孙思邈曾说：“春时宜食粥。”在北方，雨水时常以粥为主要食材进行食疗，莲子粥、淮山粥、红枣粥、薏仁粥，不仅种类丰富、味道可口，且利于疏肝理气、祛风除湿；不同于北方，在南方，尤其是珠三角一带，人们多喜爱煲汤。煲炖鲜汤时，辅之云苓、淮山、北芪、猴头菇等药材，亦可起到健脾利湿、补脾养胃的功效。孙思邈在《千金方》中还记载：“春七十二日，省酸增甘，以养脾气。”春季肝旺之时，要少食酸性食物，否则会使肝火过旺，伤及脾胃。

此外，“春捂”也是雨水时的传统养生之道，讲究的是过犹不及，不可不“捂”，但“捂”过了头也未必是件好事。故而恰到好处，掌握尺度的“春捂”非常重要。

正所谓一日之计在于晨，一年之计在于春。雨水时节，不要落下养生的功课，才能为新的一年开个好头。

▲ 清·蒋廷锡《春兰图》

千梢万叶玉玲珑，
枯槁丛边绿转浓。
待得春雷惊蛰起，
此中应有葛陂龙。

——金·庞铸《春雷起蛰》

惊蛰 待得春雷惊蛰起

等春雷，好像是很春天的一件事情。三月的下雨天，你可以竖起耳朵听听，感受一下“平地一声春雷响，惊得万物醒梦乡”的情境。

相传古时候的雷神，他的长相有些可怕，面如青靛，发似朱砂，眼睛暴湛，牙齿横生而出于唇外，且身长二丈有余，背上还长着两只巨大的翅膀。人们都说他性格古怪、脾气暴躁。每年惊蛰的时候，他便会来到人间走走，用力地敲响他腰间的大鼓，不仅惊醒了那些在冬日里熟睡了许久的昆虫猛兽，也要借机敲打敲打人世间那些不孝的儿女。每当听到惊蛰时节里的阵阵雷声，人们都要不自觉地抖一抖自己的衣衫，抖落这一年中未知的厄运。

▲ 雷神

每年3月5日或6日为惊蛰，是二十四节气中的第三个节气。每当这个时候，天气回暖的脚步更快了一些，久候的春雷终于耐不住等待，响彻天际。在寒冷的冬季蛰伏已久的动物纷纷被春雷惊醒，正是所谓的“春雷惊百虫”。古时将惊蛰分为三候：“一候桃始华，二候仓庚鸣，三候鹰化为鸠。”桃之夭夭，灼灼其华，惊蛰到，柳青叶新，万木竞秀，不假时日，便可见红杏枝头春意闹了。仓庚为黄鹂，为了庆贺春暖花开而发出欣愉的啼鸣。鸠为布谷鸟，仲春时，鹰喙尚柔，不能捕鸟，瞪目忍饥，化而为鸠。

在二十四节气里，反映物候现象的有四个节气，即惊蛰、清明、小满和芒种。所谓惊蛰，说的就是气候转暖春雷动，惊醒土中冬眠的蛇虫鼠蚁。农谚也有相似的表达：

> 惊蛰节到闻雷声，震醒蛰伏越冬虫。
> 惊蛰过，暖和和，蛤蟆老角唱山歌。

农谚还说，惊蛰一到就又是一年春耕的季节了：

> 过了惊蛰节，锄头不能歇。
> 惊蛰春雷响，农夫闲转忙。

在历史上，惊蛰这个节气曾被称为“启蛰”，中国现存最早的科学文献之一的《夏小正》说：“正月启蛰。”汉朝时，汉景帝刘启讳“启”，为了避讳而将“启”改为意思相近的“惊”字。到了唐代，“启”字已无须再避讳，“启蛰”这个名字又重新被人们想了起来，但由于“惊蛰”早已为人所惯用，故唐开元《大衍历》使用了“惊蛰”一词并沿袭至今，而“启蛰”一词却一直为日本使用。

▲《牛耕图》汉像砖

每个节气都有自己传统的美食习俗。古时，人们会在惊蛰吃“炒惊蛰”，也就是炒黄蚁，边炒还要边说：“炒炒炒，炒去黄蚁爪；舂舂舂，舂死黄蚁公。”以此祈盼当年家中少虫害。

惊蛰还有吃梨的习俗。为何要在惊蛰日吃梨，民间说法不一。也许是因为这时节乍暖还寒易患咳嗽，而梨恰好是润肺止咳、滋阴清热的；或许是因为“梨”谐音“离”，所以惊蛰吃梨寓意让虫害远离庄稼，以保全年的好收成。

在苏北及山西一带有惊蛰全家吃梨的习俗。相传明代洪武年间，著名晋商渠家先祖渠济曾长年往返于上党与祁县两地，以上党的潞麻与梨倒换祁县的粗布、红枣，并以此获利，积蓄日益丰厚。待到清代雍正年间，渠家子孙渠百川走西口当天正值惊蛰，临走前，其父令其吃梨，一则纪念先祖历经艰辛，贩梨创业，二则鼓励儿子创业致富，光前裕后。后来渠百川果然经商致富，其后走西口者多效仿其吃梨，寓意离家创业，光宗耀祖。

除了食俗之外，惊蛰这一天，民间还有许多有趣的做法。在浙江宁波地区，惊蛰被视为“扫虫节”，农民拿着扫帚在田间举行扫虫的仪式以表达扫尽害虫的愿望。有些地区则照例要祭白虎、打小人。传说惊蛰时凶神恶煞的白虎要出来找吃的，故需用猪油抹它的嘴巴再喂以鸡蛋，让它饱餐一顿以免伤人。而按照民间的说法，惊蛰这天，万物被春雷惊醒，身边的小人们也会在此时出来活动，出口伤人。为了免受其害，按照传统，惊蛰这天还要“打小人”。打小人的用品主要有小人衣纸、香烛及祭品，祭品通常有猪肉、花生、酒水、鸡蛋等。除此之外，也有人会用红纸剪一些纸锁链、纸剪刀等，用以惩治小人。“打小人”往往在庙里进行，神婆一边“打小人”，一边还要念念有词，“打过小人行好运”“打过小人升官发财”。不难看出，“打小人”时的咒语一般是一些祈福、祝愿的话语，人们“打小人”多半是为了寻求内心的慰藉，而非恶意的诅咒。此外，“打小人”时还要遍撒芝麻、绿豆和茶叶，表示驱走四方的小人。在我国港台地区和新加坡、马来西亚等国家，这些习俗至今颇盛。

“惊蛰”一词值得细味，不仅动静结合，且含义丰富微妙，颇耐得咀嚼，不少艺术作品不约而同地以之为题。比如蒲剧、曲剧都有名叫“惊蛰”的剧目，表现的都是凄美的爱情故事。唐人韦应物也有一首诗《观田家》，描写的正是惊蛰时节小雨淅沥、春花初绽时一片欣欣向荣的景象，勤劳的农家，老老少少都在地里忙碌，披星出门去，戴月荷锄归：

▲ 宋·楼俦《耕织图》(春耕)

微雨众卉新，一雷惊蛰始。
田家几日闲，耕种从此起。
丁壮俱在野，场圃亦就理。
归来景常晏，饮犊西涧水。
饥劬不自苦，膏泽且为喜。
仓廪无宿储，徭役犹未已。
方惭不耕者，禄食出闾里。

二月二日江上行，
东风日暖闻吹笙。
花须柳眼各无赖，
紫蝶黄蜂俱有情。
万里忆归元亮井，
三年从事亚夫营。
新滩莫悟游人意，
更作风檐夜雨声。
——唐·李商隐《二月二日》

龙抬头，龙不抬头我抬头

唐代诗人李商隐的《二月二日》将早春花柳初萌、蜂蝶欢舞的喜人景象描写得十分清新细致，尤其“花须柳眼”四字的拟人手法用得极妙。宋代词人李清照也有类似的句子“暖日晴风初破冻，柳眼梅腮，已觉春心动”，精灵活泼生机盎然的“柳眼梅腮”显然脱胎于“花须柳眼”——李商隐用这四个字给早春二月点了睛，也让人们对二月二这一春花烂漫的时节生出了些许浪漫的遐想。

二月二，不仅春色独好，而且还是一个十分重要的传统节令，又被称为“春耕节”“春龙节”“农事节”“挑菜节”等。时值惊蛰节气前后，蛇、蚯蚓、蜈蚣这些蛰伏了一个冬天的动物伴随着阵阵春雷逐渐露头。春回大地，万物复苏，二月二的到来预示着新一年的农事活动又要开始了，在这一天农民要“敬龙祈雨”，许下有关顺遂与收获的愿望。

在中国人的传统观念里，“龙”一直被视为祥瑞的象征。从节气上看，每年的农历二月二，很多地方雨水逐渐增多，利于春播春种。在古人的眼里，丰沛的雨水、顺遂的农事都应归功于“龙”的神力，二月二也被认为是蛰龙升天的日子，遂有了“二月二，龙抬头”的说法。

▲ 苍龙七宿

事实上，“二月二，龙抬头”从天文学的角度看，是有一定道理的。古时，人们以二十八星宿来判断日月星辰在天空中的位置，二十八星宿中的角、亢、氐、房、心、尾、箕七个星宿形成了一个形似龙形的星座，其中角宿恰处于龙角的位置。每年二月的黄昏时分，龙角星从东方地平线上缓缓升起，只有角宿微微探头，而苍龙的身体仍然隐匿在地平线之下，故称“龙抬头”。

有关于二月二的传说可以一直追溯到三皇之首伏羲氏的时候。相传伏羲氏“重农桑，务耕田”，每逢二月二皆要“御驾亲耕”，亲自打理自己的一亩三分地。这一做法得到了黄帝及尧、舜、禹的效仿，直到周武王时仍旧沿袭这一传统。

有关于二月二的另一个传说则与中国历史上唯一的女皇帝——武则天有关。传说武则天称帝触怒了玉皇大帝，玉帝令龙王三年不得下雨。但龙王不忍见生灵涂炭、民不聊生，便偷偷降了一场雨。这事被玉帝知道了，便将他逐出天宫并压于大山之下。百姓感念龙王的恩情并向天祈祷，终于感动了玉帝，二月二这天龙王被释放出来，也就有了“二月二，龙抬头”的说法。

二月二的习俗颇为丰富。唐朝时，人们把二月二看作“迎富贵”的日子，所以在这一天就要吃上一些“迎富贵”的果子；而到了宋代，宫廷则会在二月二这一天举行“挑菜”的御宴活动，即将菜蔬的名字写在丝帛上，压放在小斛下，让宾客猜，且有赏有罚。尝鲜之余也可娱乐助兴，十分热闹。

元朝的时候，“二月二，龙抬头”的说法得到了明确，这一天家家户户都要吃面条。有趣的是，二月二这天的饮食多以“龙”为名以示吉庆，如吃水

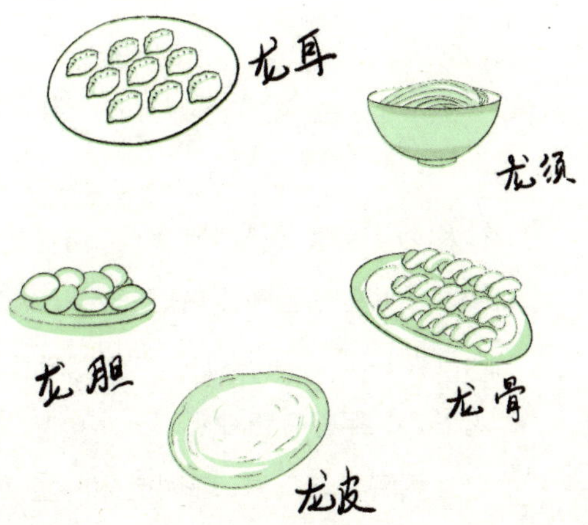

饺叫吃龙耳、吃油炸糕叫吃龙胆、吃煎饼叫揭龙皮、吃麻花叫啃龙骨、吃面条叫吃龙须，现在的龙须面也许就因此而得名。

二月二这一天还有不少农家要吃“鼓撅”，俗称“顶门棍”，说白了其实就是手擀面。那么，为什么要吃“鼓撅”呢？一说吃了“顶门棍”，邪祟不入门，可保一年太平。还有一种说法则认为春节里尽兴地胡吃海塞过后，吃上一顿清清淡淡的“鼓撅”，就要开始干活过平常日子了。

明清时期，二月二这天还有熏虫、炒料豆等节日活动。惊蛰前后，各种蛰伏已久的毒虫出来活动，于是二月二这天人们便要煎饼，或是将正月里留下的年糕煎来食用，这种做法被称为“煎饼熏虫”，一则是为了引龙出来，借由龙的神力以消灭蠢蠢欲动的毒虫；再则也可用煎饼的油烟熏床、熏炕，使人们免受毒虫的伤害，同时也以煎饼、煎糕等形式，寄托人们驱虫避害的心理。此外，二月二这天还有炒料豆的习俗，寓意“金豆开花，龙王升天，兴云布雨，五谷丰登”。炒料豆一般用玉米，也有的人家用黄豆，还有的会把玉米和黄豆两样食材混着炒。玉米、黄豆都要专挑那些个儿大且颗粒饱满的。炒料豆前，要用糖精水将玉米或黄豆浸泡一段时间，晾干后再倒入锅中翻炒，翻炒时还须拿捏好火候，炒轻了则难免香劲不足，炒过了则显得焦糊，都无法叫人十足满意。

二月二这一天，民间素有剃头的传统，寓意“理发去旧”。在这天理发，被称为“剃龙头”“剃喜头”。借着“龙抬头”的祥瑞，一则保佑孩子平安成长、出人头地，二则期望大人辞旧迎新、鸿运当头，故而民谚都说：“二月二剃龙头，一年都有精神头。”

其实，这二月二剃头还和“正月剃头死舅舅”的误传有关。众所周知，明清两朝发式有别，清军入关后，勒令百姓理发，一些仍旧怀念明朝的百姓不愿剃发，可又敢怒而不敢言，无法公开与朝廷对抗，就用正月里不剪发的行动来表达自己的“思旧”之情。久而久之便有了“正月剃头死舅舅”的说法，人们也逐渐习惯了过完正月后在二月初理发。是啊，要是不理发，头太重无法抬起来，又要如何“龙抬头”呢？

▲明朝男子发式

▲清朝男子发式

二月二还是以前出嫁女回娘家的日子。旧俗不允许媳妇正月回娘家，故民间习惯二月二接女儿回门，还有“二月二接宝贝儿，接不来掉眼泪儿”的民谣，表现出慈爱的父母盼望见到爱女的急切心情。此外，妇女在二月二这天不能动针线，据说是为了避免刺伤龙眼。

孩子们则一早要起来踩门槛，叫“登龙门”；私塾先生则多在这一天收学生，谓之“占鳌头”。学生们也会念叨：“二月二，龙抬头，龙不抬头我抬头。”

百花生日是良辰，
未到花朝一半春。
万紫千红披锦绣，
尚劳点缀贺花神。
——清·蔡云《咏花朝》

花朝 百花的生日

农历二月十二是百花的生日，即花朝，又叫花神节。花朝节流行于全国多数地区，由于各地的地理、气候情况不同，花朝的具体日期也不一样。有的地方则以二月初二或二月十五为花朝，二月初二为小花朝，十五为大花朝。明人曹端《花朝》诗云：“罗绮生香散隐霞，春光不让五侯家。东风二月苏堤路，树树桃花间柳花。”杭州西湖的早春旖旎风华，清朗秀雅。花朝节起源于春秋时期，至唐盛极。民间传说唐太宗李世民曾于花朝亲自在御花园主持挑菜御宴，而武则天每到花朝便令宫女采集百花，和米一起捣碎，蒸制成百花糕赏赐群臣。

古人在花朝这天要将彩帛红纸等悬挂在花枝上，谓之“赏红”或“护花”，表示对花神的祝贺。这是中国人民最富诗意的传统节日之一，与八月十五的中秋，分别称为“花朝”与“月夕”。

《清稗类钞·时令类》记载，清朝的慈禧太后曾于花朝节到颐和园剪彩系花并观看《演花神庆寿事》戏文。清乾隆年间上海人张春华诗云：

春到花朝染碧丛，枝梢剪彩袅东风。
蒸霞五色飞晴坞，画阁开尊助赏红。

▲ 明·仇英《花神赋图》

老上海在花朝这天还要张花神灯。花神灯通常以申城特产的谈笺糊制，做工考究，价值不菲。而这些用纸做成的花神灯又被称为“凉伞灯”。其灯形如伞，多为六角，也有的为圆形。灯上镂刻着形象生动逼真的人物、花卉、珍禽异兽，刻工细腻而富有层次；此外还装饰有璎珞须带，精妙绝伦，精致优雅。

宁波的花朝习俗和上海稍异，那里的少女在这一天要用绸缎和棉絮制作百花娘子布娃娃，意为祈祷自己像百花娘子一样聪明、美丽。年长的女子则停下针线，烧香点烛膜拜供在桌上的绣花绷子，为的是自己能做得一手好女红。

浙江绍兴的花朝习俗如同盛放的百花一样，五彩斑斓。南宋地方志《嘉泰会稽志》中描述：宋朝时，绍兴府城龙山西麓有一座西园，园内花木繁茂，且有亭台楼阁相映成趣，是这一带颇负名气的游览胜地，只是大多时候提供给官宦人家赏玩，百姓则鲜少被允许进入。但每逢二月初二便会向百姓开放，称为“开龙口”。这一天，寻常百姓无论男女老少都会争相入园赏花，夜间则在花树枝梢上张挂花神灯，熠熠灯火与红花绿枝交相辉映，相得益彰。此外，这一天绍兴知府会率领众人观看龙舟竞渡，儿童则吟唱青梅词，乐曲婉转悠扬，绵延不绝。后来，西园坍圮，花朝节转为花市节。

花朝悬彩护花习俗据说和唐朝天宝年间一位名叫崔玄微的花迷有关。某年二月十二日，一群风姿绰约的花仙人其园中，告诉他百花本欲迎春怒放，可风神封姨意欲阻挠，花仙特请他置备彩帛悬于花枝之上以抗风护花。不久

果然狂风大作，枝上芳卉幸有彩帛护持，一朵也没萎落。后来，这个美丽的传说被冯梦龙巧妙移植和改写，用作《醒世恒言》第四卷《灌园叟晚逢仙女》的入话部分，很好地衬托了正话部分的主人公秋先。不过，在花树上悬挂彩帛红纸也许其真正的作用是美化花枝吧。因为早春时节花尚含苞，甚至大多数枝头不仅缺花还少新叶，光秃秃暗沉沉的，人工的花朵色彩绚丽，造型也夺人眼目，可以很有效地点缀生活、增加喜庆气氛。

有意思的是，虽然崔、秋二位花迷都是须眉男子，汤显祖在《牡丹亭》“惊梦”一出里也安排近似老生的“末”扮演花神，不过花仙在人们心目中的形象总是阴柔美丽，以女性面目出现的，故而清代大诗人袁枚说：“除却女儿谁记得，百花生日是今朝。”评剧《花为媒》里那个擅长报四季花名的张五可小姐不仅熟记花卉芳名和时令，她自己也就像一朵带刺的红玫瑰，美艳夺人。

▲ 清·潘振镛《花神图》

耐人寻味的是，人们都说女子如花，不少文学家也常常刻意安排笔下的女主人公与百花同一天生日，其中自然存着几分怜香惜玉的味道，最著名的莫过于《红楼梦》中的林黛玉了，还有张恨水《金粉世家》里的冷清秋也是二月十二生的。然而红颜薄命，绽放时虽绚烂至极，却又易于凋零，不禁叫人唏嘘……

一月梅花仙子

二月杏花仙子

三月桃花仙子

一月梅花神是以“梅花妆”而闻名的南朝宋武帝的女儿寿阳公主。

二月杏花神为妖娆动人的唐玄宗妃子杨玉环。唐天宝十四年（755）安禄山叛变，玄宗奔蜀地，逃至马嵬驿时，杨贵妃被缢死于杏花树下。

三月桃花神为春秋时楚国的息夫人。其殉情在三月桃花盛开的时节，后人以桃花神祭奠她。

四月牡丹花神为玉肌柔滑、吹气如兰的西汉武帝所幸宫人丽娟。

五月石榴花神为东晋女书法家卫夫人。她的书法“如插花舞女，低昂美容；又如美女登台，仙娥弄影，红莲映水，碧沼浮霞”。

六月荷花神为春秋越国美女西施，相传其常在夏日于镜湖中采莲。

四月牡丹仙子

五月石榴仙子

六月荷花仙子

七月葵花仙子

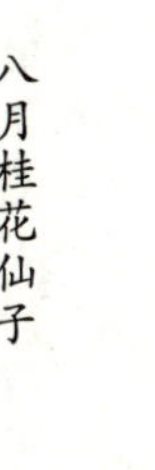

八月桂花仙子

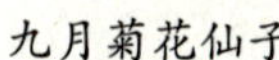

九月菊花仙子

七月葵花神为汉武帝宠妃李夫人，汉代音乐家李延年之妹，有倾国倾城之貌。

八月桂花神为唐太宗妃子徐惠，其才情不凡，太宗死后，她哀伤成疾，二十四岁就以身殉情。

九月菊花神为西晋武帝的妃子左菜。其曾作《菊花颂》，传颂一时。

十月芙蓉花神为后蜀主孟昶的慧妃，以才色入蜀宫，号花蕊夫人。其十分喜爱芙蓉花，因而蜀地广植芙蓉，后人称芙蓉花神。

十一月茶花神为有“沉鱼落雁”之貌的王昭君。

十二月水仙花神是我国古代神话中的洛神。由于水仙花生于水边，其姿态飘逸清雅，有若凌波仙子，所以人们以洛神为水仙花神。曹植的《洛神赋》即是描写她的千古名篇。

十月芙蓉仙子

十一月茶花仙子

十二月水仙仙子

仲春初四日，春色正中分。
绿野徘徊月，晴天断续云。
燕飞犹个个，花落已纷纷。
思妇高楼晚，歌声不可闻。

——五代·涂铉《春分日》

春半诗词雨意浓

每年3月20日或21日，为春分节气。春分顾名思义就是春之半，它和秋分一样，都是“昼夜均而寒暑平”的日子。这一天太阳光直射赤道，地球各地的昼夜时间相等，故而古时人们就把春分、秋分称为“日中”“日夜分”，民间则有“春分秋分，昼夜平分”的谚语。

▲ 清·禹之鼎《春耕草堂图》

正如西汉董仲舒《春秋繁露·阴阳出入上下》有言：“至于仲春之月，阳在正东，阴在正西，谓之春分。春分者，阴阳相半也，故昼夜均而寒暑平。”

有道是“春分有雨家家忙，先种瓜豆后插秧”。仲春风光明媚，端的是春如十三女儿学绣，枝枝不教花瘦，而且育秧插秧、植树造林也正是好时候。农谚云：

> 春分麦起身，一刻值千金。
> 二月惊蛰又春分，种树施肥耕地深。

清初大诗人宋琬《春日田家》诗云：“野田黄雀自为群，山叟相过话旧闻。夜半饭牛呼妇起，明朝种树是春分。”说的是夜半三更就起来喂牛，准备翌日春分种树，可见农户的辛苦，不过辛勤劳作为的是金秋的丰收，主人公的情绪是昂扬向上的，诗歌的调子也是明朗旷达的。

在民间，春分有“吃春菜”的习俗，所谓“春菜”即野苋菜，被岭南地区的人们称作“春碧蒿”。每年春分，当地人都要采春菜与鱼片一同入汤，称为“春汤”。民间有俗语说：“春汤灌脏，洗涤肝肠。阖家老少，平安健康。”这么做是为了给家人祈求平安与健康。

春分日，农民有吃汤圆、“粘雀子嘴”之俗。除了食用汤圆，还要煮一些不包心的汤圆，扦在竹叉上，再放到田间地头，引诱麻雀前来啄食，民间认为这样可以把麻雀的嘴粘住，它们就不会来破坏农作物了，名曰“粘雀子嘴”。

此外，春分时还有踏青赏春和竖蛋的习俗——好不容易脱下厚重的冬装走在骀荡的春色里，踏踏青确实是再惬意不过的了。可是为什么说“春分到，蛋儿俏”，要玩竖蛋呢？据说，这是因为春分这天昼夜平分万物也处于力的平衡状态，所以最容易把蛋竖起来：选择一个光滑匀称、刚刚生下四五天的新鲜鸡蛋，小心翼翼地在桌子上把它竖起来。至于为什么得选择刚生下四五天的鸡蛋呢？那是因为此时蛋黄下沉，蛋的重心下降，便于竖立。

我国大部分地区，例如北京、天津、山东、浙江等地都有春分酿酒的习俗，据说这天酿酒会使之更为甘醇浓香，且能令庄稼丰收。在山西陵川，春分日不仅要酿酒，还要用酒醴祭祀先民。

食用太阳糕是旧时北京十分流行的春分习俗，太阳糕是一种由大米和绵白糖共同制成的方形糕点，新上市时太阳糕上往往印有红色的“太阳”图案，生动可爱。春分时，天气回暖，适宜食用糯米、红枣等食物。故而这个时候吃太阳糕，既包含了人们对于美好生活的愿想，也有颇不错的保健功效。其实，吃太阳糕的习俗在唐代时便已流行，只是那时吃的是“太阳鸡糕”——用糯米做一块糕，上面再放上一只用米面做的鸡。为什么上面要站只小鸡呢？汉族民间有个传说，太阳从汤谷升起，有一棵扶桑树，一只玉鸡站立于上，每逢太阳冉冉升起时，它就打鸣报晓，随之民间的公鸡也报晓。

也有人说那不是小鸡，是凤凰。《诸神的起源》中说，凤是指风神，凰是太阳。结合起来，凤凰即是太阳的象征。故而古人以吃太阳鸡糕来向太阳神致敬。

▲ 太阳鸡糕

春分时，湖南安仁县还有一项十分重要的民俗活动——“赶分社”。从古至今，安仁县便流传着“药不到安仁不齐，药不到安仁不灵，郎中不到安仁不出名”的佳话。自宋以来，每年春分时节，安仁县都要开设药市，这么做一则为了纪念炎帝在安仁“制耒耜奠农工基础，尝百草开医药先河”的功绩；再则祈求粮食丰收，家人安康；最后，通过采集草药或交换得到草药及农具，就可以为春耕做准备了。传统的“赶分社”活动分为三个部分：祭祀、交易、集会。春分当天是整个“赶分社”活动的高潮，商人们齐聚推销，交易洽谈，场面可谓热火朝天。

春天节日习俗固然妙趣横生，但诗意盎然可以说是春的另一个标签，尤其是在春分这一颇耐人寻味的节点上，一边是守望春回大地的余兴未了，另一边则是感伤春逝荼蘼的患得患失。可惜，走得最急的总是最美的时光，从初春到春半，仿佛只是一眨眼的工夫，于是，“春半”成了古今文人的一个创作母题，好诗佳句车载斗量。

南唐后主李煜有一首家喻户晓的《清平乐》：“别来春半，触目柔肠断……离恨恰如春草，更行更远还生。”据说此词作于北宋乾德四年（966），当时其弟从善入宋久不得归，李煜思念日深，乃有此千古名篇。又比如，五代冯延巳的《醉桃源》：

南园春半踏青时，风和闻马嘶。青梅如豆柳如眉，日长蝴蝶飞。
花露重，草烟低，人家帘幕垂。秋千慵困解罗衣，画梁双燕归。

明·尤求《仕女倚柳远思图》

但见青梅结子，蝴蝶飞飞，芳春已过半，游春少妇秋千戏罢罗衣轻解，忽见双燕呢喃，更觉人单燕双，情何以堪？这是词人替闺中佳人代拟“春半”的怅惘幽怨，情致幽微，可诵，可品，耐得琢磨。

春半的雨在文人的眼中也是别具滋味的。它轻盈、朗润，是素日和风中最精致的点缀，却也往往因为追随着春的流逝而沾染上了世俗烟火的忧伤与惆怅。晚唐诗人杜牧的《村行》就曾这样写道：

春半南阳西，柔桑过村坞。袅袅垂柳风，点点回塘雨。
蓑唱牧牛儿，篱窥茜裙女。半湿解征衫，主人馈鸡黍。

作者村行遇雨，只得到村民家中躲避，主人淳朴热情，客人心情愉悦。这首作品最令人动心的是第三联“蓑唱牧牛儿，篱窥茜裙女”，兼用倒装和拟人，动词亦鲜活逼真，将微雨中的山村春景描摹得十分生动。

杜牧还有一首《惜春》，从“春半年已除”说起，感慨“谁为驻东流，年年长在手”，则不仅是伤春惜春，亦有光阴如水、盛年不再的喟叹了。其实，宋朝女词人李清照最著名的那阕《如梦令》写的也是“春半”的雨：“试问卷帘人，却道海棠依旧。知否，知否？应是绿肥红瘦。”——雨疏风骤之后，绿肥红瘦，连那春容春意也一并瘦尽，叫人叹惋不已。

春雨细密，绵延不绝，虽不深重却也别有一番绵愁难以消散，故而春雨

总是和春愁联系在一起，明末清初的江南才女徐灿的一首《卜算子》，如是写来：

> 小雨作春愁，愁到眉边住。道是愁心春带来，春又来何处？
> 屈指算花期，转眼花归去。也拟花前学惜春，春去花无据。

此词读来朗朗上口，明白晓畅，以雨写愁，以愁摹雨，春雨春愁浑然莫辨，但亦不失俊赏蕴藉。另一位才女南宋杭州诗人朱淑真则因婚姻不如意而春愁满纸，挥之不去。在她的《断肠集》里，随处可见这样的句子：“满院落花帘不卷，断肠芳草远。”（《谒金门·春半》）“午窗睡起莺声巧，何处唤春愁？绿杨影里，海棠亭畔，红杏梢头。”（《眼儿媚》）最著名的则是：“独行独坐，独唱独酬还独卧。伫立伤神，无奈春寒著摸人。”（《减字木兰花·春怨》）所以，差不多三十年前，电视剧《红楼梦》的编剧安排苦命的香菱在生命的最后时刻一直捧着一册朱淑真的《断肠集》，这细节虽不见于原著，但十分妥帖，颇具匠心。

▲ 清·沈燧《人面桃花相映红》

作社朝祠有足观，
山农祈福更迎年。
忽然箫鼓来何处？
走煞儿童最可怜。
虎头豹面时自顾，
野讴市舞各争妍。
王侯将相饶尊贵，
不博渠侬一晌癫！

——宋·杨万里《观社》

古时的妇女节

现在人人皆知“三八”是妇女节，工会要组织女职工喝茶、登山，先生们也要送太太礼物或请太太出去吃顿饭。如果是在家举炊，那大抵也是男人掌勺和洗碗了。不过，古时候女人可以休息的日子可不在这一天。唐代诗人张籍有句云：“今朝社日停针线，起向朱樱树下行。”可见古代妇女是在社日这一天休息的。宋代以来，将立春、立秋后的第五个戊日作为社日。古时，人们用天干、地支的相互搭配来表示时间，天干在前，地支在后，立春后的第五个戊日即指自立春之日起，第五个以天干“戊”搭配某个地支纪日的那天，通常十天轮回一个戊日。

社日是汉族民间祭祀土地神的重要节日，这一节日习俗起源较早，由于我国历史上曾长期处于传统农业社会，在这样的社会形态下，人们对于土地有着十分深厚的眷恋之情，而此节日便是从人们对于土地的崇拜与敬重中产生并不断发展的。“社”字从示从土，“土”是土地，“示”为祭祀，祭祀土地的日子就是社日。汉代以前只有春社，汉以后秋社形成，且春、秋二社祭祀神明的目的存在差异。春社祈祷丰年，秋社则主要为了表达对于神明的感激之情。

▲ 明·张翀《春社图》

东汉许慎《说文解字》云："社，地主也。""社"乃土地之神。相传土地神勾龙是水神共工的儿子，当共工触断天柱之后，勾龙协助女娲补平九州的裂缝，被黄帝封为"后土"，专门掌管四方土地。古人又根据地貌特征将土地划分为山林、川泽、丘陵、坟衍和原隰（即湿润的平地）等五类，合称为"五土"，社神便是五土之总神。而稷乃五谷（稷、稻、黍、麦、菽）之首，为谷神。

在古人眼里，土地和五谷同样重要，都要祭祀，"社稷"就成为了国家的象征。每逢社日祭祀，要堆好方形的"社坛"，坛顶分为东、南、西、北、中五个部分，分别铺以青、红、白、黑、黄五色泥土，并且供上牛、羊、猪、鸡等各种供品。北京就有座社稷坛，是明、清帝王祭社神和谷神的地方，为明永乐十九年（1421）所建。祭坛为汉白玉石砌成的三层方台，上铺五色土以象征五行，坛北为祭殿和戟门。它就是现在的中山公园。

古时官社或私社的祭祀、庆典活动后来衍变成民间的社戏。社戏在中国民间广为流行，多与宗教及地方风俗相关，因为每年都要演，也被人们称为"年规戏"。

社戏一般是在庙台或是草台上演出的，演出时间少则三五天，多则十多天。社戏在很多地方都有，如绍兴社戏、黄冈社戏、安顺地戏等，这些社戏因地域的不同而各有不同的特点。就绍兴社戏而言，常规分为彩头戏、突头戏和大戏这三个部分，其中彩头戏和突头戏一般会在白天演出。彩头戏也叫做“口彩戏”，一般都是恭贺升官发财的吉利戏；而突头戏，则被当地人称为“骨子戏”，大多用来为随后上演的正戏做铺垫，这些剧目往往剧情跌宕，具有颇高的艺术性，有名的突头戏剧目有《龙虎斗》《英烈传》《双龙会》等；大戏，顾名思义就是正戏了，绍兴人称之“平安大戏”，通常从傍晚开始表演，演出中还会根据剧情的需要穿插部分鬼戏，以宗教故事“目连救母”为题材的“目连戏”就是著名的大戏之一。鲁迅先生就在他的短篇小说《社戏》里记录了他小时候在外婆家看社戏的情景：

> 那老旦嘴边插着两个点火的纸捻子，旁边有一个鬼卒，我费尽思量，才疑心他或者是目连的母亲，因为后来又出来了一个和尚。然而我又不知道那名角是谁，就去问挤在我的左边的一位胖绅士。他很看不起似的斜瞥了我一眼，说道：“龚云甫！”我深愧浅陋而且粗疏，脸上一热，同时脑里也制出了决不再问的定章，于是看小旦

社戏

唱，看花旦唱，看老生唱，看不知什么角色唱，看一大班人乱打，看两三个人互打，从九点多到十点，从十点到十一点，从十一点到十一点半，从十一点半到十二点……

最后，迅翁以“不再看到那夜似的好戏了”结束，可见当年社戏之热闹、好看，而且也可知社戏名为娱神，实则娱人——社日，其实是人的节日。

社日很热闹，不仅要祭神、演戏，还要邻里欢聚，互赠社糕、社酒。诗圣杜甫有一年春社清晨外出，就被邻居的田舍翁邀去喝酒，交谈甚欢，其《遭田父泥饮美严中丞》有云：“步屧随春风，村村自花柳。田翁逼社日，邀我尝春酒。”

酒到酣处，老爷子絮絮叨叨地告诉客人今年的牲口怎么样怎么样，大儿子是弓箭手，他又如何如何，又叫老太婆再拿酒菜来，一定要让杜拾遗喝尽兴：“叫妇开大瓶，盆中为吾取……”这场酒，从清晨一直饮到黄昏，酣畅、尽兴之余亦不难想见彼年春社的热闹与喧嚷，难怪同样不得志的大诗人陆游在春社前夕也喜欢到农家做客，还留下了脍炙人口的《游山西村》：

莫笑农家腊酒浑，丰年留客足鸡豚。
山重水复疑无路，柳暗花明又一村。
箫鼓追随春社近，衣冠简朴古风存。
从今若许闲乘月，拄杖无时夜叩门。

虽然隔着时间漫漶扑朔的长河，但凭着诗句里的枝丫，依稀可以感

▲ 清·陈崇光《柳下晓妆图》

受到诗人内心的闲适与欢乐。

社日本是个热闹的节日，但这个世界就是要有几家欢乐几家愁，似乎这样才能显出它的造化神奇和人生的扑朔迷离。宋代有一位词人因夫妻别居，在社日颇为伤感，他说："年年社日停针线，怎忍见、双飞燕？"一开篇就从妻子的角度描写她在闺中停了针线，思念远在他乡的良人。作者用春燕成双反衬夫妻分离，一个忧伤憔悴的思妇形象跃然纸上。"年年"二字下得尤其巧妙而痛切，说明他们已久受别离的熬煎，而且相聚无期。此情何以堪？此痛何时了？

寒食江村路，风花高下飞。
汀烟轻冉冉，竹日净晖晖。
田父要皆去，邻家问不违。
地偏相识尽，鸡犬亦忘归。
——唐·杜甫《寒食》

杨柳青青四月天

北宋元丰五年（1082），这是苏轼被贬黄州后的第三个寒食节了。天气阴冷潮湿，生活上的穷困潦倒与政治上的窘迫失意，令这位本应意气风发的诗人在孤独与落寞之外仿佛还有些许绝望。于是，这一年的寒食节，在那沉默滞重的墨色里，苏轼将自己精神上的困顿与痛苦连同空气里难以稀释的悲伤一起涂写在了素笺之上：

自我来黄州，已过三寒食。年年欲惜春，春去不容惜。今年又苦雨，两月秋萧瑟。卧闻海棠花，泥污燕支雪。暗中偷负去，夜半真有力。何殊病少年，病起头已白。

春江欲入户，雨势来不已。小屋如渔舟，濛濛水云里。空庖煮寒菜，破灶烧湿苇。那知是寒食，但见乌衔纸。君门深九重，坟墓在万里。也拟哭途穷，死灰吹不起。

因“乌台诗案”受到牵连，元丰三年（1080）二月，时年四十三岁的苏轼被贬黄州（今湖北黄冈）团练副使，这篇《黄州寒食诗帖》在情绪的错落

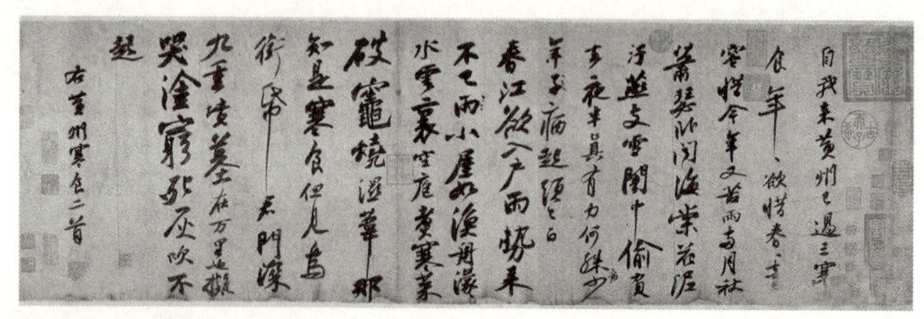

▲ 宋·苏轼《黄州寒食诗帖》

起伏之间，写尽了诗人内心的苍凉与惆怅。通篇书法迅捷而不失沉稳，跌宕之余更是酣畅淋漓、一气呵成，情感的起伏转折极致地融进了书法线条丰富的变化之中。就连与苏轼一同并列“宋四家”的挚友黄庭坚亦不免要赞叹一番，他以为老朋友的这首寒食诗所散发出的意蕴与气度与诗仙李白的诗作有相似之处，恐怕诗仙也尚有不及。而这走笔如飞之间，较之颜真卿遒劲有余，又不乏杨少师的狂诞恣肆，且兼有李西台的醇厚浓郁，可谓妙笔。

寒食节一般在冬至后的第一百零五天，与清明节十分接近。在民间，寒食节亦被称为“禁烟节”“冷节”。每年的这一天，老百姓禁烟火，吃冷食，在后世的承袭发展过程中逐渐形成了祭扫、踏青、斗鸡、蹴鞠等节日习俗。其中的一些习俗，延续千年至今。

关于寒食的起源，自古众说纷纭，莫衷一是。一说寒食起源于人们对于火的崇拜，因为生产、生活都离不开火，故而古人将火视为神明，并要举行祀火的仪式，发展到后来便有了禁火节。还有一说则与春秋时的晋国介子推相关。相传彼时介子推与晋文公重耳流亡列国，介子推割股供晋文公充饥。文公复国后，介子推功成身退与母亲一同归隐绵山。晋文公得知后不惜焚山求贤，却始终不能动摇介子推，最后介子推与母亲一同被烧死在树下。为纪念这位忠心报国的义士，晋文公下令在介子推死去的那一天家家户户都要禁烟火，吃冷食，以寄哀思，这一天被称为寒食节。第二年，晋文公率群臣登山祭扫，发现介子推死时所抱的柳树竟然死而重生，便赐名“清明柳”，并将寒食节的后一两天定为清明节。

▲ 祭祖扫墓

祭祖、上坟是寒食和清明时一项重要的节日习俗。古代，人们将祭祀祖先看得很重。秦汉时，祭祖扫墓之风已经盛行；到了唐代，整个社会已普遍将寒食节视为返本归宗的神圣仪式。而由于寒食、清明距离十分近，人们常常将扫墓的习俗延至清明节，诗人们也往往将这两个节日并提，如韦应物诗有云："清明寒食好，春园百卉开。"到了宋元时期，清明节的地位逐渐上升，直至取代寒食，而一些原本为寒食所有的习俗也慢慢转移到了清明。

清明节又叫"踏青节"，在每年仲春与暮春之交，是中国最重要的祭祀节日之一。清明节距今已有二千五百多年的历史了。这是一个春耕春种的大好时节，故素有"清明前后，种瓜点豆"的说法。

清明既是祭祀祖先的传统节日，同时也是二十四节气之一。春分后的第十五天，当斗牛星和太乙星相对，清明亦随之到来。此时自然万物纯澈清朗又明净无瑕，可谓是气清景明，清明节气亦因此得名。在二十四节气里，"清明"虽然未必是最诗意的，但一定是最美丽的名称。清明，清且明也，端的是东风骀荡，桃红柳妍，清和晴明，春意盎然，正是人间销魂时。

清明节的食俗亦不在少数，首推的应当数青团子了。虽然青团子的历史已无法追溯，但多半与寒食禁烟火吃冷食有些许联系。青团柔嫩的浅碧色很容易叫人联想到春天。每逢清明，将青翠的野菜汁浸染于白色的糯米粉之中，若是泥胡菜则色泽浓艳，艾蒿汁里滴出的则是竹艾色，辅之江南人偏爱的猪油，再用熬得细烂的红豆做馅，真可谓是春意盎然。蒸熟后，一个个油汪汪、胖乎乎的青团围坐在一起，精致又不失烟火气，仿佛将温暖细腻的春意放入口中细细咀嚼，品味着碧落红尘中的庸常与细碎。只是这一期一会，仿佛比春光更加短暂，不免令人怀想，却又只待来年。

每年清明时节，骚人墨客们自然免不了或发思古之幽情，或推古而及今，留下许多华章佳句。尤其是那些怀才不遇、贫病交加的文人士子，往往在寒食、清明时节发出卧病甚至断炊的哀叹，或者抒发羁旅行役、人在天涯的痛楚悲凉，念之令人凄然。如写过《黄州寒食诗帖》的苏轼，还曾写过："久病逢春只思睡，且求僧榻寄须臾。"这位向来以豁达著称的东坡居士在寒食节也无心欣赏大好春光，只往梵王宫里黑甜乡中去寻求逃避的渊薮了，何况他人？苏轼还曾在清明这样吟咏梨花："梨花淡白柳深青，柳絮飞时花满城。惆怅东栏一枝雪，人生看得几清明。"大有"人生不满百，常怀百岁忧"的况味。便是晏殊这位著名的富贵词人也曾在寒食之际情不自禁地诉说春愁："班班疏雨欲晴天，回避春风入醉眠。新火未来丝阁静，砌苔窗树两依然。"

▲ 清·沈燧《背藏罗扇图》

不过，在数量众多的寒食、清明诗篇里，并不都是寒士们自伤身世的声声叹息或多愁善感的伤春惜春之语。细细看过去，其实也不乏佳人高高扬起的秋千架和读书人欢快的笑脸。如唐明皇诗云："公子途中妨蹴踘，佳人马上废秋千。渭水长桥今欲度，葱葱渐见新丰树。远看骊岫入云霄，预想汤池起烟雾……"一看便知是太平天子的夫子自道，这首作品能够入选《古今岁时杂咏》，恐怕主要是因为作者的特殊身份吧。

能让人百读不厌的，大多是这样的句子："寒食江村路，风花高下飞。汀烟轻冉冉，竹日净晖晖。田父要皆去，邻家问不违。地偏相识尽，鸡犬亦忘归。"诗中的景致充满了田园气息，寒食淡静的乡间村路上，风花摇曳拂动衣袂，这虽是个偏僻安静的地方，但邻里间大多熟识，农户盛情的邀约是从不会拒绝的，连豢养在家中的动物们也因彼此熟识而相互串门。一切都是如此平和亲热而又真挚淳朴。这是绚烂之极归于平淡的美，乍看不起眼，但最是耐得久读。类似的绝妙文字又如："广武城边逢暮春，汶阳归客泪沾巾。落花寂寂啼山鸟，杨柳青青渡水人。"淡淡的感伤，淡淡的禅意，一派诗佛气象。

吟咏寒食、清明的诗词也不尽是清丽淡雅之作，晚唐的温庭筠辞章华丽富瞻，连咏寒食的诗也不避秾艳，他的七言律诗《寒食日作》便借花苞含春、秋千摇摆的节日景色以红深绿暗暗指青年男女，抒写了恋人之间的缠绵悱恻、柔情蜜意：

红深绿暗遥相交，抱暖含春披紫袍。
彩索平时墙婉娩，轻裘落处脱寥捎。
窗中草色妒鸡卵，盘上芹泥憎燕巢。
自有玉机芳意在，不能骑马度烟郊。

当然，寒食清明时节杂花生树，风光无限，有的诗人便选择咏物言

志，如唐代的曹松有一首题写杜鹃花的五绝：“一朵又一朵，并开寒食时。谁家不禁火，总在此花枝。”构思紧扣节令，寓意层深，新巧可喜。而唐代另一位诗人韩偓笔下的蔷薇更是楚楚动人：“雨声笼锦帐，风势偃罗帷。通体全无力，酡颜不自持。绿疏微露刺，红密欲藏枝……”不过，韩偓写得最好的寒食诗还是人们耳熟能详的那首《寒食夜》：

恻恻轻寒剪剪风，杏花飘雪小桃红。
夜深斜搭秋千索，楼阁朦胧烟雨中。

淡而艳，清且丽，读来口角噙香，让人再也忘不掉寒食清明的江南四月天。

▲ 清·赵之谦《桃花吐艳》

巳日帝城春，倾都祓禊辰。
停车须傍水，奏乐要惊尘。
弱柳障行骑，浮桥拥看人。
独言日尚早，更向九龙津。
——唐·崔颢《上巳》

踏青游春好时光

曲水流觞是古时上巳节民间流行的一种游戏。上巳这天，人们围坐在河岸两边，从上游顺流而下的酒杯就像一只只小船，随波逐流，酒杯停在谁的面前，谁便饮酒赋诗。而有关于修禊的故事，最为人所津津乐道的恐怕就是东晋永和九年（353）春天的那次聚会了。

永和九年的三月初三，会稽内史王羲之与谢安、孙绰等四十二人相携于会稽山阴（今浙江绍兴）之兰亭，众人进行着曲水流觞的游戏。会上各人作诗，王羲之为他们的诗写序文。据说当时王羲之已经醉了，借着酒劲他挥毫写下了那篇风雅华美的《兰亭序》，一切都仿佛有如神助。

> 永和九年，岁在癸丑，暮春之初，会于会稽山阴之兰亭，修禊事也。群贤毕至，少长咸集。此地有崇山峻岭，茂林修竹，又有清流激湍，映带左右，引以为流觞曲水，列坐其次。虽无丝竹管弦之盛，一觞一咏，亦足以畅叙幽情……

虽然现在的兰亭和当年王羲之他们雅集的兰亭应该是大异其趣了，但那些风流名士借上巳修禊的风俗玩出的那一段风雅，不仅凝固在晋时的兰亭，也从那时起在中国人的文化情结里深深地植根，花开千年，至今不败。

农历三月三是中国的传统节日上巳节。而自古又有“二月二，龙抬头；三月三，生轩辕”的说法，三月三日是一个祭祀黄帝的节日；同时，农历三月三日也是道教神仙真武大帝的寿诞及传说中王母娘娘的生辰，这天也正是她开蟠桃会的日子。此说源于道教传说，每年此日，各路神仙都会赴瑶池献礼祝寿，著名的“麻姑献寿”由此产生。七言诗《都门杂咏》曰：“三月初三春正长，蟠桃宫里看烧香。沿河一带风微起，十丈红尘匝地扬。”说的正是三月三庙会时热闹非凡的景象。

▲ 麻姑献寿

古时曾以三月第一个巳日为上巳节。到了魏晋时代，上巳节被固定在了三月三这一天。经后世承袭，三月三逐渐成为汉人曲水流觞、踏青游春的节日，唐代大诗人杜甫便写有“三月三日天气新，长安水边多丽人”的句子。

三月三还有不少食俗，这些美味的食物或与离奇诡异的神鬼传说相关，或寄托了人们平安康乐的美丽憧憬，但无论是哪一类，都令三月三的节令传统平添了几缕人间烟火味。三月三有吃地菜煮鸡蛋的习俗。所谓地菜其实就是荠菜，民谚云：“三月三，荠菜当灵丹。”《诗经》里也有“其甘如荠”的描写。荠菜的烹饪方法可谓丰富，可炒、可烩、可凉拌，还能包馅或煨汤，且色泽清丽，味道鲜香，若与鸡蛋一同烹煮，不仅味美又耐饥。因荠菜与“聚财”二字谐音，相传每年三月三，民间在祭祖

的时候都会将洗净后的新鲜荠菜扎成束，加入鸡蛋、红枣及生姜片煮熟，食用后便可交运发财。

三月三吃蒿子粑粑是江南一带的节令食俗。蒿子粑粑的做法并不复杂，将腊肉切成小块放入锅中翻炒，待腊肉出油后加入切碎的蒿子、米面、香蒜等食材搅拌均匀。焖过片刻，便将面盛起做成薄厚适中、形状相仿的粑粑，可用蒸笼蒸，也可用平锅烘烤，吃起来清香甘甜、软糯可口，伴有草叶独有的清香气息。

汉代上巳这天人们还要相携往水边焚香沐浴，以祓除不祥，这就是“修禊”。《后汉书·礼仪志上》记载：“是月（三月）上巳，官民皆洁于东流水上，曰洗濯祓除，去宿垢疢为大洁。洁者，言阳气布畅，万物讫出，始洁之矣。”到了唐代，上巳修禊的习俗已经从民间到了庙堂，非常官方化了。《古今岁时杂咏》是北宋蒲积中按照一年四季节气时令所编的诗集，“上巳”卷的唐代部分里满眼都是“奉和圣制”“应制”“侍宴”等字样，华丽雅饬，读来总觉得少了些人间烟火气，连带着诗人们的面目也模糊雷同起来。如崔颢的《上巳》：

巳日帝城春，倾都祓禊辰。
停车须傍水，奏乐要惊尘。
弱柳障行骑，浮桥拥看人。
独言日尚早，更向九龙津。

这天，全城的老百姓都去参加祭祀活动了，因为祓禊在水边举行，游人纷纷把车停在岸边，喧天的鼓乐齐奏，仿佛要把地上的尘土惊得飞起来了，浮桥上挤满了看热闹的人。写的虽然是长安热闹非凡的上巳风光，但这热闹更

▲ 明·唐寅《兰亭修禊图》

多地属于包括诗人在内的普通百姓。

唐代诗人白居易和元稹是同年好友，但宦海沉浮，聚少离多，他们在上巳佳节常常互相思念，并形诸诗章，如白居易有《三月三日怀微之》："良时光景长虚掷，壮岁风情已暗销。忽忆同为校书日，每年同醉是今朝。"年华渐老的诗人那未曾褪色的记忆里，永远有着和好朋友上巳共醉的青春酡颜，那是多么的美好呀！而元稹的《酬乐天三月三日》与之有着异曲同工之妙："旧年此日花前醉，今日花时病里销。独倚破帘闲怅望，可怜虚度好春朝。"

到了宋代，诗人文豪们自然也照例要在上巳挥毫泼墨。当然，耐得细读细品的仍然不是那些应制之作，而是描写作者日常生活并有所思悟的作品。如苏轼曾在某一年的上巳节和朋友携酒出游，但见"卧门桃李为谁妍，对立相媚妩"，于是乘兴而醉卧，连夜来风雨声也充耳不闻，坡仙之潇洒出尘，可见一斑。他晚年贬于海南，虽然北返无望，但依然豁达，看淡世上的功名利禄。

无论是东晋永和九年（353）属于王羲之等名士的那次兰亭雅集，还是历代诗人清浅的吟哦，三月三之于中国人，总有说不完的诗情与流年。

几枝新叶萧萧竹，
数笔横皴淡淡山。
正好清明连谷雨，
一杯香茗坐其间。
——清·郑燮《竹石题画》

花艳茶香诗意浓

在盘古开天辟地以来的几十万年里，文字并不存在于人类的生活之中。直到黄帝时代，一个名叫仓颉的人出现了。据史书记载，仓颉有双瞳四个眼睛，天生睿德，观察星宿的运动趋势、鸟兽的足迹，依照其形象首创文字，革除当时结绳记事之陋，开创文明之基，因而被尊奉为“文祖仓颉”。

传说他为了创制文字，甚至辞去了官职，遍访九州，最终回到了家乡潜心造字。经过了三年寒暑，他终于创造出了成百上千的文字，为了褒奖他的创造，玉帝决定赐给仓颉一个小金人。一天，仓颉迷迷糊糊地听见耳边似乎响起了命他醒来领赏的声音，从睡梦中醒来后他发现整间屋子闪闪发光，当他看到身边的金人时还以为自己仍在梦中，但此时忽闻屋外公鸡鸣啼，天色已大亮，他才知自己并非做梦。不解缘由的仓颉想起了睡梦中听见的声音，才明白这金人是神明给自己的奖赏。但仓颉并不认为自己应该得到这个金人，便把它献给了黄帝。一日黄帝与大臣们一同欣赏

▲ 仓颉

金人时，突然霞光四射，金人消失在了众人眼前。当晚，仓颉又在睡梦中听到有人问他连玉帝赏赐的金人都不要，那么究竟想要什么。仓颉思索了片刻，便说："我想要五谷丰登，百姓丰衣足食，不再有饥饿与贫穷。"

第二天醒来，仓颉吃惊地发现，漫天遍野下起了金黄色的"谷粒雨"，百姓们则纷纷出门收谷子。黄帝知道这件事后，为了嘉奖仓颉的功劳，遂下令将下"谷粒雨"的这一天定为节日，称之"谷雨节"。

我国民间亦素有"清明祭黄帝，谷雨拜仓颉"的习俗，每到谷雨，位于陕西白水的仓颉庙就热闹非凡。其他地方也往往举行庙会，人们扭秧歌、跑竹马、耍社火、敲锣打鼓演大戏，载歌载舞地表达对黄帝史官仓颉的崇敬和怀念。

每年的4月19日或20日，太阳到达黄经30°时便为谷雨。古时将谷雨分为三候："一候萍始生，二候鸣鸠拂其羽，三候戴胜降于桑。"谷雨后，随着降雨量的明显增加，浮萍亦不可控制地生长开去；为了提醒人们播种，布谷鸟不辞辛劳地鸣叫着；如果你足够用心，这时的桑树枝头，已经停着头顶五彩羽毛的戴胜鸟了。

▲ 戴胜

谷雨是春天的最后一个节气，顾名思义就是雨生百谷之义，故明代农学家王象晋在《群芳谱》中说："谷雨，谷得雨而生也。"元代吴澄《月令七十二候集解》有言："三月中，自雨水后，土膏脉动，今又雨其谷于水也。雨读作去声，如雨我公田之雨。盖谷以此时播种，自上而下也。"我国谷雨前后气候温和，降雨增多，正好利于越冬作物的返青拔节和春播作物的播种出苗，正所谓"谷雨时节种

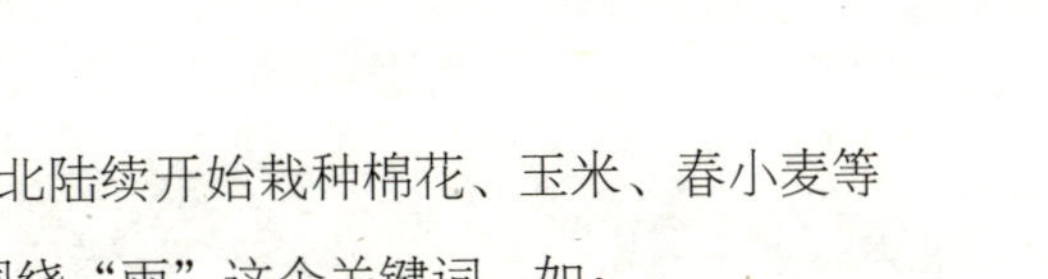

谷天，南坡北洼忙种棉”，大江南北陆续开始栽种棉花、玉米、春小麦等作物。这时节的天气谚语也大都围绕“雨”这个关键词，如：

谷雨阴沉沉，立夏雨淋淋。
谷雨下雨，四十五日无干土。
谷雨有雨兆雨多，谷雨无雨水来迟。

农谚云：“春雨贵如油。”如这时遇到干旱，古人会潜心祈雨。

谷雨推着农人麻利地往前赶，也令整个江南的养蚕业忙得不亦乐乎！因为桑叶沃沃，正是养蚕的大好时节，家家户户轧蚕花，轧出蚕花廿四分。清人朱恒的《武原竹枝词》云：“剪得纸花双鬓插，满头春色压蚕娘。”为了祈求养蚕收成好，蚕娘还要头戴蚕花。蚕花是纸、绢质的彩色花朵，形如月季或玉兰，蚕娘用来戴发髻、束辫梢、置蚕匾，以祈求蚕茧丰收。相传，蚕花是吴国的西施送给越国家乡的采桑姑娘的，此后相沿成习。蚕娘们还喜欢用去蛹的蚕茧剪成茧花，置于鞋头作为装饰，十分别致喜气。

绿榆低映水边门，菱叶莲花数涨痕。
苕霅风光夸四月，缫车声递一村村。

做丝花落做丝忙，尽日南风麦弄黄。
村里剪刀声乍断，又看二叶绿墙桑。

诗句描写的就是蚕乡的繁忙和恬淡纯朴，而南宋大诗人陆游则写道：“桑柘成阴百草香，缫车声里午风凉。客来莫说人间事，且共山林

▲ 宋·楼俦《耕织图》(练丝)

夏日长。”显然，他很享受蚕季的乡村风情，悠悠然陶醉于暮春初夏的熏风之中。

在这充满了喜悦与充实的忙碌之外，在一个与农忙相关的节气里，必不可少的元素自然还有唤醒味觉的美食了。谷雨前后，菜场里开始有一小把一小把或绿或紫的香椿呼唤睽违一载的味蕾。人们的餐桌上出现了香喷喷的香椿炒蛋和香椿拌豆腐——香椿是香椿树的幼芽，又名椿芽、香椿头，含有丰富的糖、蛋白质、脂肪、胡萝卜素和大量的维生素C，具有很高的营养及药用价值。俗话说：“雨前香椿嫩如丝。”这时节的香椿口感最好，和鲜浓耐泡的雨前茶一样，是美食家们的心头最爱，正所谓“诗写梅花月，茶煎谷雨春”。

谷雨茶就是雨前茶，经过了冬季的养息，雨前茶不仅芽叶肥硕、色泽鲜亮且质感柔软，品尝时香气馥郁新鲜，与明前茶同为茶中佳品，其造型与口感往往并不逊色于明前茶而又价廉物美。故而真正的茶客，往往还嫌明前茶价高而寡淡。

雨前茶还有一芽一嫩叶与一芽两嫩叶之分，一芽一嫩叶在水中舒展开后，因叶展如旗，芽尖似枪，故称为旗枪；而一芽两嫩叶则状如雀类之舌，故名曰雀舌。

此外，谷雨时节水暖鱼丰，正是“海捕”的绝佳时机，民谚云：“骑着谷雨上网场。”祖祖辈辈的打鱼人都将谷雨定为开海的日子。每年谷雨这一天，

沿海地区的渔民都会举行“祭海”活动，祈求出海平安，满载而归。

如果说谷雨时节还有什么是不可错过的，那一定是娇艳芳美的花王牡丹和一望无际的油菜花田了。民谚说：“谷雨过三天，园里看牡丹。”春意饱满浓郁，喜滋滋地挂在枝头，牡丹盛放姹紫嫣红，油菜花亦灿灿如金，正是去洛阳、菏泽赏姚黄魏紫，去云南罗平、江西婺源抓拍油菜花壮观美景的绝佳时机。

▲ 清·郑燮《竹石图》

第二章

芳菲歇去何须恨
夏木阴阴正可人

六月六

小满 六月六 小暑

大暑 夏

端午 大暑

六月六

夏至

芒种 梅雨

伏日

七夕

赤帜插城扉，东君整驾归。
泥新巢燕闹，花尽蜜蜂稀。
槐柳阴初密，帘栊暑尚微。
日斜汤沐罢，熟练试单衣。
——宋·陆游《立夏》

立夏 青梅红樱夏色鲜

如果说起战神祝融，可谓是无往不胜的。传说祝融曾在羽山杀死了鲧，并从此执掌一方治水大权。等到了黄帝时代，祝融又在黄帝讨伐九黎部族首领蚩尤的战争中立下了奇功。那时，黄帝的军队一度遭遇困境，心急如焚的黄帝向自己手下的干将寻求推进战事的良策，却苦寻难得。最终，还是祝融献策，以火攻克敌制胜，继而成为黄帝的心腹大臣。

然而更大的考验在等待着祝融。颛顼与共工因争夺帝位鏖战不休，生气的共工一头撞向支撑着天空的不周山，日月星辰开始不断地向西北方倾斜下去，而江河湖泊则顺着大地倾斜的方向往东南不断倾泻，急剧变化的世界在百姓之中引发了恐慌，为了阻止事态进一步恶化，祝融使尽了浑身解数，他

◀ 祝融

用自己的身体撑住了这片天地，也因此拯救了黎民苍生。

祝融是火神，也是掌管夏季的神明，《山海经》曾用“兽身人面，乘二龙”来形容他。“祝”有祭祀的意思，“融”则意味着光明，表达了人们在黑暗中对于光明的盼望。

古时每年立夏，天子都要率领文武百官前往南郊祭祀祝融，迎接夏天。由于祝融是火神，天子与参加仪式的大臣一律着朱衣、骑赤马、驾红车，以表达内心祈祷丰收的美好愿望。明人刘侗《帝京景物略》卷二说：“立夏日启冰，赐文武大臣。”回朝后，天子还要赏赐群臣，将去年冬天窖藏的冰块经刀斧切割后由天子亲自赐予大臣，朝野上下无不欢欣。这热烈、欢快的情绪仿佛就是为日后的丰收埋下的一个浅浅的伏笔。

每年5月5日前后是立夏，它是二十四节气中的第七个节气，是干支历巳月的开端。

立夏这个节气在战国末年就已经确立了，预示着季节的转换，为一年四季之夏季开始的日子。立夏后气温明显上升，雷雨天气逐渐增多。经过一个春天的孕育与生长，植物均已长大并渐渐进入旺盛生长期。“斗指东南，维为立夏，万物至此皆长大，故名立夏也。”《礼记·月令》篇，解释立夏曰：“蝼蝈鸣，蚯蚓出，王瓜生，苦菜秀。”说明在这时节，青蛙开始聒噪着夏日的来临，蚯蚓也忙着帮农民们翻松泥土，乡间田埂的野菜也都彼此争相出土，日日攀长。

江浙一带，立夏日人们因大好明媚的春光过去了，未免有惜春的伤感，故备酒食为欢，好像送人远去，名为饯春。东汉文学家崔骃在赋里说：“迎夏之首，末春之垂。”吴藕汀《立夏》诗也说：“无可奈何春去也，且将樱笋饯春归。”

尝新是立夏较为常见的活动。苏州地区素有“立夏见三新”的说法，用来祭祖的三新分别是樱桃、青梅和鲥鱼。

传说古时最好的樱桃长在南京玄武湖的樱洲上。当年康熙皇帝南巡，江宁织造曹寅为博龙颜欣悦便进贡了樱洲上的樱桃，皇帝见这樱桃如此新鲜可人龙心大悦，但却并不急于享用，而是命人快马加鞭送回宫中，先叫皇太后一饱口福。

生长在扬子江心的鲥鱼恰应了那句物以稀为贵，因为极其难得、稀有，除了腰缠万贯、有钱任性的权贵人家，寻常百姓自然是难以消受了，但这并不妨碍寻常人家追求美食、欢庆节日的心情，故常以豌豆或麦子代之。

尝新的美味还有“九荤十三素”之多，“九荤”说的是鲫、咸蛋、螺蛳、腌鲜、卤虾、樱桃肉以及使用多种香料以微火煨熟的熄鸡；十三素里除了三新之中的樱桃、青梅外，还有笋、蚕豆、豌豆、黄瓜、莴苣等时鲜，光是想想便叫人食指大动、垂涎三尺了。

▲ 明·项孔彰《樱桃图》

尝过了时新的美味，孩子们也有不能错过的趣事——用带壳清煮的囫囵蛋玩上一轮斗蛋游戏。民间有谚语说：“立夏胸挂蛋，孩子不疰夏。”疰夏便是炎炎夏日里常见的厌食乏力的毛病，小孩尤其容易得这病，而蛋如心形，民间为保护家中孩童的健康，便有了立夏斗蛋的习俗。但调皮又要凑热闹的孩子们并不会细究其中缘由，只晓得又好同小伙伴们尽兴地玩闹一场了，便觉得浑身爽气又欢畅。

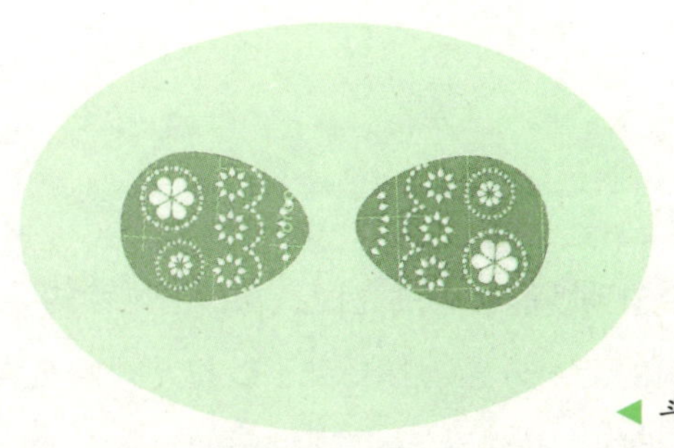

◀ 斗蛋

斗蛋前，要将煮好的鸡蛋套在编织好的丝网袋中再系到孩子们的脖子上。蛋的尖处为头，圆处为尾。斗蛋时必须蛋头与蛋头相斗，蛋尾与蛋尾相争，孩子们轮流斗蛋，蛋破即输。而蛋头胜者摘得头筹，称为大王；蛋尾胜者屈居第二，称作小王。

立夏还要吃乌米饭。乌米饭，乌黑油亮，清润可口，一般将糯米在乌树叶汤汁内浸泡数小时后烧煮而成。每年立夏这一天，江南农村人人都要吃这乌米饭，而这一风俗，据说与战国时期著名的军事家孙膑有关。

孙膑和庞涓乃同窗，都是鬼谷子的学生。两人智略相当，但孙膑为人厚道，庞涓则心机深重。两人跟随师父苦学三年后，庞涓自恃学成便率先拜别了师父，只身来到了魏国；而好学聪慧且乐于钻研的孙膑则选择继续跟随师傅学习。鬼谷子素来就喜爱这位宅心仁厚的学生，遂将毕生兵书阵法等传授于他，希望他能够拨乱济危，匡正时弊。两年后，在魏国站稳了脚跟的庞涓向魏王举荐孙膑，而孙膑的才华亦得到了魏王的赏识。故事说到这里往往可以皆大欢喜，完满收尾了，然而乱世颠沛，又岂能尽如人意？变故很快便不期而至了。

在这同窗二人共商国是、研讨兵法时，庞涓感到孙膑的能力远在自己之上，并发现了鬼谷子已将兵书传授给了孙膑，又是羡慕又是嫉妒的庞涓便对他心生嫌隙。这时，转折就这么不带一丝防备地出现了。一日，孙膑突然被人带走，用刑后还将他的膝盖骨挖去，并将他抛进了监狱里。无故蒙受灾祸的孙膑万念俱灰，想自己饱读兵书，但终究不能建功立业，几近崩溃。

这时，庞涓又适时出现。他表示虽对于魏王的做法无可奈何，但保证愿意一生侍奉孙膑并希望孙膑能够著书立说，将自己饱读的兵书写下来，传之后世。孙膑听了庞涓的话十分感动且受到了鼓舞，开始废寝忘食地写兵书。庞涓则日日前来嘘寒问暖，并察看兵书书写的进度。

专注著书的日子总过得飞快，眼看着兵书即将完成，孙膑忽然从看守自己的老狱卒口中得知原来设计陷害他的不是别人，正是心胸狭窄、妒贤嫉能的庞涓。这一席话对孙膑而言犹如晴天霹雳，他再三思量，终于如梦初醒，看破了庞涓的险恶用心，遂将写好的兵书付之一炬。翌日，庞涓来到狱中，只见孙膑蓬头垢面，又哭又笑，疯疯癫癫，还烧毁了已经写好的兵书，愤怒的庞涓命人将其关进了猪圈，想看看他到底是真疯还是假疯。谁知，孙膑竟真的整日不吃不喝，痴傻疯癫，与猪厮混在一起。

天无绝人之路。看管孙膑的老狱卒十分同情孙膑的遭遇，便想出了一条计策——用乌树叶汤汁浸拌糯米，煮成饭后捏成小团子，样子和猪粪类似，他想要以此瞒过庞涓，解救孙膑。这天正好是立夏，老狱卒将做好了的乌米团子塞给了孙膑。聪明的孙膑自然是心领神会，待庞涓再来看他时，竟拿起身边的“猪粪”吃了起来。这一招果然奏效，庞涓再不怀疑他的疯癫，遂放松了对他的看管。这时，上天又为孙膑开启了另一扇窗，其实他的才华早已远播齐国，田忌派人将其救出并拜为军师。后来，齐魏交战，孙膑力克魏军并射杀庞涓，终于报仇雪恨，可谓大快人心。

为向老狱卒表达内心的感恩，每到立夏，孙膑就要吃上一次乌米团。而后人因钦佩孙膑的才华与为人，加之乌米饭又有祛风败毒的功效，遂将立夏吃乌米饭的习俗保留下来并延续至今。

吃过了乌米饭，民间还有秤人的习俗。古诗云：“立夏秤人轻重数，秤悬梁上笑喧闺。”这一习俗在南方更为普遍，据说在这一天称了体重便可少些炎夏的烦恼，否则便要病灾缠身。

▲ 清·吴友如《立夏秤人》

吃罢了立夏饭，人们便在横梁上悬一杆大秤。家里的大人用双手拉住秤钩，让大家坐进吊在秤钩上的箩筐内或是四脚朝天的板凳上轮流称体重。秤老人时要说："秤花八十七，活到九十一。"秤姑娘则要说："一百零五斤，员外人家找上门。勿肯勿肯偏勿肯，状元公子有缘分。"秤小孩的话就说："秤花一打二十三，小官人长大会出山。七品县官勿犯难，三公九卿也好攀。"

民间传说立夏秤人的习俗源自三国时期，且与蜀汉后主刘禅有关。诸葛亮七擒孟获后，孟获便对诸葛亮敬畏有加，言听计从，每年都按照诸葛亮的嘱咐去探望蜀主一次。说来也巧，孟获受托的日子恰好是那年的立夏，从此每年的这一天，孟获都会遵照承诺前往蜀国探望。多年以后，晋武帝司马炎灭蜀国且带走了刘备之子阿斗（刘禅小名）。虽然物是人非、时过境迁，不忘嘱托的孟获依旧会在每年立夏这一天去看望阿斗。

百无一用是阿斗。对于这一点，孟获自然心如明镜，但正所谓受人之托忠人之事，这个探望也不能光是走个形式，还非得走心不可。

为了确定阿斗生活无忧，孟获每次去都要称一称阿斗的体重，还扬言威胁说要是亏待阿斗那就别怪他翻脸咯。可这司马炎又岂是泛泛之辈，随即便想到了一条应对之策。每年立夏这一天，他总会用糯米和豌豆煮饭给阿斗吃。糯米清香软糯，豌豆又色泽诱人，每次阿斗必定多吃几碗，所以称重时都会比上一年重上那么一些。阿斗虽然碌碌无为地过完了一生，但也因为孟获的保护而能过上宁静和乐的生活，不可不说是一种幸运。

这个关于立夏的传说虽然与历史不符，但通过立夏秤人这一节日活动，人们真真切切地表达出自己对于宁静、幸福生活的追求与向往。

时雨及芒种，四野皆插秧。
家家麦饭美，处处菱歌长。
老我成惰农，永日付竹床。
衰发短不栉，爱此一雨凉。
庭木集奇声，架藤发幽香。
莺衣湿不去，劝我持一觞。
即今幸无事，际海皆农桑。
野老固不穷，击壤歌虞唐。

——宋·陆游《时雨》

小满不满，芒种不管

小满，一个很有意味的节气名称，它指的是我国的夏熟作物自南而北开始灌浆饱满，但还没有完全成熟，尚不能收割。不过，丰收已在望，喜悦已在心头微漾。名之曰“小满”，大约是指大圆满、大完满之前奏吧，透着睿智和淡定，这是东方人的智慧——我们中国人讲究花看半开、酒饮微醺，也许正因如此，所以二十四节气里有小雪、大雪，小暑、大暑，但小满之外却没有大满吧。

小满是二十四节气中夏季的第二个节气，为每年5月20日或21日太阳到达黄经60°时。古时将小满分为三候：“一候苦菜秀，二候靡草死，三候麦秋至。”每年小满后，苦菜已枝繁叶茂，而一些枝条柔软又不喜光的草类植物因为光照日渐强烈而慢慢枯靡。每年的这个时候，百谷成熟，对于小麦而言，已经是成熟的“秋天”了。

农谚有云“小满小满，麦粒渐满”“麦到小满日夜黄”，说的就是小满时节麦子灌浆的物候现象，而“小满麦渐黄，夏至稻花香”道的则是小满之后丰收在即的情景。

小满时，历史上还有一个与农事相关的习俗叫做“祭三车”，三车即水车、牛车和丝车。在老百姓心目中，“满”指代雨水丰沛的程度，而小满正是江南地区早稻追肥、中稻插秧的重要时节。如若田里蓄水不满，则田坎干裂，无法插秧，进而影响农作物的收成。故而干旱的年份，人们往往要早做打算，以人力或畜力带动水车灌溉水田。

▲ 宋·楼俦《耕织图》(灌溉)

另外，小满也是江南蚕乡的妇女们最忙碌的日子，因为“小满见新茧”嘛。民间传说小满这一天是蚕神的诞辰，在江南地区栽桑养蚕又是农民的传统副业。浑身是宝的家蚕为农民的生活带去了富庶与安乐。故而每年小满，在养蚕业十分兴旺的江南地区，百姓为了表达内心的感恩，便用丝绸民俗填满了这一天。

清道光七年（1827），江南盛泽丝业公所兴建了先蚕祠，还特别在祠内搭建了戏楼，开辟了能容纳万人同时观戏的石板广场。每年小满前后三天，丝业公所都会出资邀请各戏班登台唱戏。只是演的戏目有些忌讳，但凡演的戏不能有私生子及死人的情节，因为“私”和“死”都与“丝”谐音，故而每一出戏都是经过反复斟酌、考量的吉庆戏。

在民间，不仅立夏要吃三鲜，小满也有三鲜：黄瓜、樱桃和蒜薹。所谓“樱桃十八天”，就是指从立夏吃到小满，那莹润剔透、味美形娇的小果子就要落市了——严冬也能买到的身价高昂的“车厘子”，即便再个大色艳，哪里能够和阳春四月水灵灵的樱桃相媲美呢？

南方地区有农谚云：“小满不满，芒种不管。”指的是如小满时雨水不充足，那么芒种就无法栽插水稻了。芒种在每年的6月5日或6日，是夏季的第三个节气，表示仲夏时节的正式开始。芒种的“芒”是指麦类等有芒植物可以收获，而“种”则是指谷黍类作物开始播种。《月令七十二候集解》：“五月节，谓有芒之种谷可稼种矣。”“芒种”谐音“忙种”，芒种到来也预示着又是一年农忙时，农民开始了忙碌的田间生活。

所以，农谚有云：

芒种芒种，连收带种。
芒种忙忙种，夏至谷怀胎。
芒种不种，再种无用。

宋人韩涧泉的《芒种诗》描写的就是芒种插秧的情景：“田家一雨插身时，成把檐禾水拍泥。分段排行到畦岸，背蓬浑不管归迟。”清人王时叙则有诗描写芒种时披星戴月收割麦子的景象：“旋黄旋割听声声，芒种田家记得清。几处腰镰朝雾湿，一行肩担夕阳明。”

▲ 宋·楼俦《耕织图》(插秧)

以前农村夏天的抢收抢种叫做“双抢”，是条件艰苦、劳动强度又极大的一个阶段，即所谓“芒种前后麦上场，男女老少昼夜忙”。收麦子、蚕豆和豌豆，插秧，移栽棉花苗，种花生和大豆，样样需要人手，故而每年这时节城里不少单位会组织职工下乡帮忙。

我国古代将芒种分为三候："一候螳螂生，二候䴗始鸣，三候反舌无声。"意思是，芒种到来时，因为感受到了阴气，上一年深秋产下的小螳螂在此时破壳而出；喜阴的伯劳鸟开始在枝头鸣叫；与伯劳鸟不同，能够模仿其他鸟儿叫声的反舌鸟却因为阴气的蔓延而停止了鸣叫。在我国传统的哲学理论中，认为世间万物都是轮回相生的，阳极而阴生。久盛必衰，衰久必盛。在天气炎热的时候，却也正是阴气初生的时候。

芒种前后，我国长江中下游地区会出现雨期较长的阴雨天气，而此时也正是梅树结果采摘的时节。南京溧水一带有芒种"煮青梅"的习俗，这一习俗最早可以追溯到夏朝。溧水地处丘陵地带，适宜青梅生长。芒种时节空气中湿度增加，体内汗液无法顺利排出，人也显得懒散。恰如民谚所云："芒种夏至天，走路要人牵；牵的要人拉，拉的要人推。"为了保养身体，人们需要多补水。午后小憩片刻，嚼上一口青梅，有净血、整肠、消除疲劳、美容等功效。但若直接吃，梅子的酸味恐怕少有人能够消受，于是人们便想到了煮梅的方法，这样既可一饱口福，形式上又不失风雅。煮梅的方法有很多种：简单的一种是将糖与梅子一同煮或将二者混拌均匀使梅汁浸出，也有的会用盐来代替糖，比较考究的还要在里面加入紫苏。也有人喜欢将青梅置于黄酒中加热，待到青梅微微变色，趁热嘬一口，梅的酸与甜伴随着酒香在口中弥散开来，令人陶醉其中，这就是传说中的青梅煮酒了。

据说这个习俗还与三国时的典故"青梅煮酒论英雄"颇有渊源。《三国演义》第二十一回《曹操煮酒论英雄　关公赚城斩车胄》便有关于青梅煮酒的描述："随至小亭，已设樽俎，盘置青梅，一樽煮酒。二人对坐，开怀畅饮。"

安苗是皖南地区的芒种农事活动。每年芒种，水稻种植完后，当地

▲ 青梅煮酒论英雄

农民就要用新麦面蒸发包，将面团揉捏成瓜果、牲畜的形状，再用蔬菜汁染色，用作安苗祭祀的供品，以祈求风调雨顺、五谷丰登。

芒种后，梅雨季节接踵而至，往往给户外作业的农夫带来极大不便，比如宋代诗人范成大写过《芒种后积雨骤冷》一组三首绝句：其一为“梅黄时节怯衣单，五月江吴麦秀寒。香篆吐云生暖热，从教窗外雨漫漫”，描述江南梅雨季的阴冷；另一首则实录吴地农夫披着棉絮进行“双抢”的画面：“梅霖倾泻九河翻，百渎交流海面宽。良苦吴农田下湿，年年披絮插秧寒”，简直就是“谁知盘中餐，粒粒皆辛苦”的最好注释。

古人认为芒种过后便入夏了，春天的花神该休息了，于是祭饯花神便成为芒种那日的一件大事。曹公雪芹在《红楼梦》第二十七回《滴翠亭杨妃戏彩蝶　埋香冢飞燕泣残红》里如是描述大观园的姑娘们给花神饯行的热闹场面：

> 那些女孩子们，或用花瓣柳枝编成轿马的，或用绫锦纱罗叠成干旄旌幢的，都用彩线系了。每一颗树上，每一枝花上，都系了这些物事。满园里绣带飘飘，花枝招展，更兼这些人打扮得桃羞杏让，燕妒莺惭，一时也道不尽。

在这时节安排林妹妹葬落花而吟《葬花辞》，甚高妙也。

▲ 清·陈枚《月曼清游图·庭院观花》

除此，每年芒种前后，贵州东南部侗族还有一个颇具浪漫色彩的活动——打泥巴仗。这一天，新婚夫妇由要好的男女青年陪同，集体插秧，边插秧边打闹，互扔泥巴。活动结束，检查战果，身上泥巴最多的，就是最受欢迎的人。

芒种是收获的季节，也是播种的季节，象征着希望和丰收！相信所有的忙碌都会迎来满满的收获！

黄梅时节家家雨，
青草池塘处处蛙。
有约不来过夜半，
闲敲棋子落灯花。
——宋·赵师秀《约客》

黄梅时节雨

梅雨是什么？记忆里，梅雨是个慢声细语忧郁温婉的年轻女子，是一阕玲珑精致悱恻哀婉的宋人小令，整日淅淅沥沥、柔柔细细、缠缠绵绵。

梅雨是林妹妹病卧潇湘的一声轻叹，是久困场屋的老秀才的满纸牢骚，是羁旅行役的骚人墨客的不眠之夜，是外婆手制的色若胭脂的杨梅烧酒，是无边丝雨细如愁的伤春送春心情，是故意不打伞的邻家姐姐湿漉漉的辫梢和笑脸，是撑着油纸伞在雨巷里默默彳亍着的丁香一样结着愁怨的姑娘，是久雨初晴抓紧晒霉的阿姨婶婶们忙碌的身影……

气象上的梅雨泛指初夏向盛夏过渡的一段连续的阴雨天气。南方地区素有“雨打黄梅头，四十五日无日头”的说法。每年三四月间阴雨连绵不止，异常潮湿的空气使得器物更易霉烂，故称之“霉雨”；又因时值江南地区梅子黄熟之时，也称之“梅雨”。

一般芒种后第一个丙日入梅，小暑后第一个未日出梅。唐代文豪柳宗元《梅雨》中的诗句“梅实迎时雨，苍茫值晚春”说的就是梅雨始于晚春，而北宋苏轼《舶棹风》诗中的“三时已断黄梅雨，万里初来舶棹风”和清代王士祯《董起男送风雨梅戏占为谢》中的“吴中五月梅黄雨，想象千年舶棹风”，说的则是出梅的时间在夏至过后半个月——到那时，梅雨停了，东南季风刮起来，船儿也好出航了。

梅雨天的雨水虽多得难免恼人，倒也成就一番自然美景。被誉为“太湖明珠”的江苏无锡有一个延续了千年历史的梅雨习俗——游大水。坐落于惠山东麓的春申涧，因近愚公谷之南，常常被老无锡人亲切地称为黄公涧。相传战国四公子之一的楚相春申君黄歇曾在此饮马，故得此名。春申涧本是观赏飞瀑的绝佳之地，加之又是映山湖的源头，飞瀑与湖面相得益彰。瀑口有崖壁耸立，疏条掩映，飞瀑倾泻而下之时更不乏“寺门烟雨里，混作白龙看”的妙趣。每年梅雨季节，无锡民间都有到春申涧游大水的习俗。千百年来，无锡的男女老少都会在梅雨时节蹚着脚下清澈的溪水，顺着山涧溯流而上，去感受山池畔那振聋发聩的溪流银瀑。

梅雨季节历来有烹茶的习俗。正

▲ 明·张宁《虚亭飞瀑图》

▲ 清·张问陶《煮茶图》

所谓“茶为水骨，水为茶神”，关于“四五月梅欲黄，落雨谓之梅雨。久贮澄彻，烹茶甘鲜”的说法可谓是不胜枚举。有明代陆羽之称的许次纾便在《茶疏》中淡淡地说，泉水本是很难得的，却可以用梅雨季节的水替代。品质上乘的茶叶里蕴藏着细腻沁人的香气，恰如马遇伯乐、人逢知己，茶叶中悠然怡人的气味同样需要好水使之不断散发。故而没有能与之匹配的水，自然也就不必再谈论品茶了。

明代罗廪在茶学重要著作《茶解》中留下了积蓄雨水泡茶的描述。每年梅雨季节，罗廪都要在自家庭院中备上一些器皿来贮藏雨水，蓄满后一同并入瓮中加以保存。约月余的时间便可汲水煮茶，且梅雨时的雨水还有清洁皮癣、疥疮的功效，真是闲趣与实效兼而有之。

清代著名书画家汪士慎在《暑中酬周石门惠龙井山茶》中这样写道：

火云蔽庭树，清气早离境。徙倚坐复卧，炎感无术屏。
安得踏层冰，使我毛骨冷。新安有佳客，驿路过龙井。
贻我雨前焙，封题极精整。急取黄梅雨，瓦铛亲灌引。

烹来满碗香，瑟瑟泛云影。一叶张如旗，一叶纤如颖。
初尝舌本甘，再啜心神静。香气散清斋，烦襟豁然醒。
贵家辟暑犀，而我焉领取。短句谢嘉贶，还期联石鼎。

高温的炙烤令天上的云朵仿佛燃烧一般张狂肆虐，清凉的感觉只能耽溺于遥远的想象之中，持续的高温令汪士慎颇觉坐卧难安，此时恰好收到了友人送来的雨前龙井茶，他忙取出梅雨时贮藏的雨水加以烹煮，顿时满室茶香不散，饮茶后神清气爽、心神俱静，令人怡然可乐。

梅雨的缠绵悱恻曾经成就了许多文人，其中最典型的就是贺铸，其“试问闲愁都几许？一川烟草，满城风絮，梅子黄时雨”巧妙地运用博喻的手法描摹抽象的闲愁，为他赢得了“贺梅子”的雅号。不过，白居易的一首五言古诗《感情》亦不逊色：

中庭晒服玩，忽见故乡履。昔赠我者谁？东邻婵娟子。
因思赠时语，特用结终始。永愿如履綦，双行复双止。
自吾谪江郡，漂荡三千里。为感长情人，提携同到此。
今朝一惆怅，反覆看未已。人只履犹双，何曾得相似？
可嗟复可惜，锦表绣为里。况经梅雨来，色黯花草死。

白居易年少时和邻家姑娘湘灵相爱，但终未能结缡。为此，白居易直到年近不惑才成婚。虽然，白居易和杨氏夫人感情不错，也有不少姬妾，但他的内心深处始终不曾忘记湘灵，他的笔端也常常发出思念湘灵的喟叹。

▲ 绣花鞋

唐元和十一年（816）梅雨季节，白居易在翻晒衣物时又一次见到了他已精心保存了十八年的湘灵送给他的一双绣花鞋。看到鞋上花草已黯淡凋零，想到鞋双人单，想到湘灵为他丫角终老，情不自禁写下了《感情》。作品朴素平实，毫不修饰雕琢的语言白描出作者的满腔深情和抱憾终身的幽怨，读来让人低回不已。

生活在南北宋之交的李清照备尝国破家亡的痛苦，晚年蛰居江南，常叹“愁损北人，不惯起来听”，而宋元易代之际的词人蒋捷是“南人”（江苏宜兴人），倒是听惯了梅雨淅淅沥沥下个不停，而且还听出了一阕千古绝唱《虞美人》：

少年听雨歌楼上，红烛昏罗帐。壮年听雨客舟中，江阔云低、断雁叫西风。

而今听雨僧庐下，鬓已星星也。悲欢离合总无情，一任阶前、点滴到天明。

作品用蒙太奇的手法写尽了悲凉况味，让人思绪万端，无限惆怅。

有酒不病饮，况无菖蒲根。
空怀禁风俗，角黍吊沉魂。
佳人五色缕，道士绛囊符。
瘦臂不中系，百邪何用驱。
百草堪为药，舟行不及收。
岸傍萧与艾，从听到寒休。

——宋·梅尧臣《端午日》

五月五，粽飘香

端午节在每年的农历五月初五，又被称为端阳节、五月节等。西晋周处所编的《风土记》里说：“端，始也，谓五月初五日也。”“端”字有开始的意思，故而“端五”意为“初五”。按照干支历，五月即为午月，因此渐渐地，“端五”也就演变成了“端午”。因有两个“五”，端午也叫“重五”或“重午”。

端午节的习俗很多。《风土记》有言：“仲夏端午，烹鹜角黍。”粽子便是端午的招牌食物。粽子又称“角黍”“筒粽”。据记载，早在春秋时期，用菰叶（茭白叶）包黍米成牛角状，称“角黍”；用竹筒装米密封烤熟，称“筒粽”。元、明时期，粽子的包裹料已从菰叶变革为箬叶，后来又出现用芦苇叶包的粽子，馅料已出现豆沙、猪肉、松子仁、枣子、胡桃等等，品种更加丰富多彩。历史最悠久的粽子则是西安的蜂蜜凉粽子，载于唐韦巨源《食谱》。蜂蜜凉粽子与别的粽子不同，既不包馅，也不包粽叶，全用糯米制成，形似菱角，白莹如玉，清凉解暑。吃时用丝线或竹刀割成小片，放在碟子里，淋上蜂蜜或玫瑰、桂花糖浆。吃起来筋软凉甜，芳香可口。

现在的粽子甜的、咸的，自制的、购买的，林林总总，不一而足。嘉兴人喜欢五芳斋，湖州人则是诸老大、震远同的粉丝。而在很多人心里，最好吃的，永远是外婆裹的粽子。端午吃粽子的风俗，千百年来不仅在中国盛行不衰，而且流传到了朝鲜、日本及东南亚诸国。

▲ 清代累丝喜花香囊

民谚说："清明插柳，端午插艾。"在门上插艾草，在孩子身上和帐门等处挂上五彩的香囊以驱邪，也是保存至今的端午古俗。现在很多人在节前看到街头巷尾兜售自制香囊的村姑，也往往会兴兴头头地选上几个带回家去逗孩子、哄老人。如果有空暇的时间，自己手制上几枚端午节香囊，也是别有一番趣味的。制作香囊，首先要将两块大小相同的布叠放在一起；缝上三边之后，将缝边翻到里面；继而填入混有香粉的棉花，将口袋边缘上方剪开两道，以备穿入抽带；为抽带做花形装饰；最后将抽带穿入袋口的通道，抽紧两端，一个形似鸡心的香囊就制作完成了。如果想要弄得更为考究一些，也可在鸡心下缀上珠子、辣椒、流苏等作为装饰，显得更加俏皮可人。

▲ 清代鸡心式荷包

香囊中的香粉往往是用冰片、樟脑、桂皮、白芷等中药制作而成，不仅味道清香怡人，还有提神、驱蚊的功效。制作香囊的工序本不复杂，但每个小巧玲珑的香囊里蕴藏着整个中华民族千百年来精巧雅致的审美情趣以及巧用自然的生活智慧，如此一来，便觉得这一针一线间游走的是一种悠久的

文化情怀。

古人还有端午射粽、击球、斗草的习俗。射粽盛行于唐代宫廷，即拿小角弓射小圆粽，射中者得食此粽；击球又名击鞠、打球，类似于今天的马球，历史悠久，早在三国时就见于记载，到金代则成为端午节的娱乐活动；斗草则属于不少人温馨的童年记忆。所谓斗草，即用花草斗胜负。这种游戏起源于周代，到了南北朝时期，南方逐渐将斗草变成了端午的节日风俗。

斗草一般有两种方法，一种“武斗”，一种“文斗”。所谓“武斗”即采一些花草，双方互套，然后再往后拉，谁的花草断了，就算谁输。唐代白居易的诗歌《观儿戏》就有关于“武斗”的描写：“龆龀七八岁，绮纨三四儿。弄尘复斗草，尽日乐嬉嬉。”可见“武斗”更适合儿童嬉戏玩闹。“文斗”呢，就是大家首先收集花草，然后一人报出一种花草的名称，另一人则接着按相同类别拿出花草并准确报上名称，如此“斗”下去，谁收集的花草越多，种类越齐全，谁就能获胜。不少文学作品里都有描写“文斗”的场景。除了曹公雪芹在《红楼梦》第六十二回《憨湘云醉眠芍药裀　呆香菱情解石榴裙》里安排几个小女子斗草外，李汝珍在《镜花缘》第七十六回里也有相关描写：

> 紫芝道：“这斗草之戏，虽是我们闺阁一件韵事，但今日姐妹如许之多，必须脱了旧套，另出新奇斗法，才觉有趣。”窦耕烟道：“能脱旧套，那更妙了。何不就请姐姐发个号令？”紫芝道：“若依妹子斗法，不在草之多寡，并且也不折草。况此地药苗都是数千里外移来的，甚至还有外国之种，若一齐乱折，亦甚可惜。莫若大家随便说一花草名或果木名，依着字面对去，倒觉生动。”毕全贞道：“不知怎样对法？请姐姐说个样子。”紫芝道：“古人有一对句对的最好：‘风吹不响铃儿草，雨打无

◀ 明·仇英《汉宫春晓图》(局部)

声鼓子花。'假如耕烟姐说了'铃儿草'，有人对了'鼓子花'，字面合式，并无牵强，接着再说一个，或写出亦可。如此对去，比旧日斗草岂不好顽?"

此外，端午节还有挂菖蒲、赠扇子的习俗。坡仙的学生秦观便在诗歌里记录下了这一习俗："粽团桃柳，盈门共垒，把菖蒲、旋刻个人人。"而写得更加详细生动的则是南宋诗人戴复古，其《扬州端午呈赵帅》诗云："榴花角黍斗时新，今日谁家不酒樽？堪笑江湖阻风客，却随蒿叶上朱门。"平实而具哲理趣味。

当然，古人过端午还有一个众所周知的习俗：吃五黄，即吃黄鳝、黄鱼、黄瓜、咸鸭蛋黄及雄黄酒。说到雄黄酒，不得不提《白蛇传》里那个温柔美丽的蛇仙就是在端午饮了雄黄酒才不得已露了原形的。很多戏迷无数次半是心疼半是暗叹地看白娘子挡住小青高高举起的龙泉宝剑，听她情深脉脉幽幽怨怨地在断桥和许仙诉说衷肠：

素贞我本不是凡间女，妻原是峨眉山一蛇仙。都只为思凡把山下，与青儿来到了西湖边。红楼匹配春无限，我助你镇江卖药学前贤。端阳酒后你命悬一线，我为你仙山盗草受尽了颠连。谁知你病好把良心变，你不该随法海上了金山。妻盼你回家你不见，哪一夜不等你到五更天？可怜我枕上泪珠儿都湿遍，可怜我鸳鸯梦醒只把愁添……

人世间，永远有负心汉，也永远有思凡的仙子和一波三折令人扼腕长叹、珠泪抛洒的爱情。于是，白蛇从最初的反面形象逐渐演变成美丽善良宽容而善解人意的天使，而年年端阳，也就有了唱不完的《断桥》，看不腻的《合钵》。

粽子、五黄、艾蒿、菖蒲，还有香囊、榴花、扇子，这些，都是端午的关键词。不过，它们都不是最重要的。唐代诗僧文秀说得很明白：

> 节分端午本谁言，万古相闻为屈原。
> 堪笑楚江空浩浩，不能洗得直臣冤。

显然，端午节的第一关键词是“屈原”！

屈原，这个行吟泽畔的诗人，这个创造了香草美人传统的天才诗人，这个投身汨罗的感时伤怀的诗人，这个对我们脚下的土地爱得那样深沉那样令人动容的千古第一诗人。在这个他沉江的纪念日里，自然是第一主角。公元前278年，秦军攻破楚国京都，屈原眼看自己的祖国被侵略，心如刀割，但是始终不忍舍弃自己的祖国，于农历五月五日，在写下了绝笔作《怀沙》之后，抱石投汨罗江自尽，以自己的生命谱写了一曲壮丽的爱国主义乐章。

▶ 现代·傅抱石《屈子行吟图》

相传，屈原投江后，当地百姓闻讯马上划船捞救，一直行至洞庭湖，始终不见屈原的尸体。那时，恰逢雨天，湖面上的小舟一起汇集在岸边的亭子旁。当人们得知是为了打捞贤臣屈大夫时，再次冒雨出动，争相划进茫茫的洞庭湖。为了寄托哀思，人们荡舟江河之上，此后才逐渐发展成为龙舟竞渡。百姓们又怕江河里的鱼虾吃掉他的身体，就纷纷回家拿来米团投入江中，后来就演变成了吃粽子的习俗。北宋梅尧臣有《五月五日》诗云：

屈氏已沉死，楚人哀不容。何尝奈谗谤，徒欲却蛟龙。
未泯生前恨，而追没后踪。沅湘碧潭水，应自照千峰。

两千多年来，无数诗人笔下出现过屈夫子傲岸清癯的身影，当代才子余光中在《淡水河边吊屈原》中写下："青史上你流下一片洁白，朝朝暮暮你行吟在楚泽。江鱼吞食了两千多年，吞不下你的一根傲骨！"

清代才女吴藻和众所周知的女英雄秋瑾一样，"身不在男儿列，心却比男儿烈"，因身为女子怀才不遇而抑郁消沉。有一天，她易男装，饮酒读《离骚》，写下了独幕杂剧《乔影》（又名《饮酒读骚图曲》）："制荷衣香飘粉飘，望湘江山遥水遥。把一卷骚经吟到。搔首问，碧天寥。搔首问，碧天寥！"

可见，前朝的志士仁人骚人墨客不忘端午，凭吊屈子，顶礼膜拜，无不引为知音同调。那么，在这个端午，虽然不必提倡人人诵读古奥的《离骚》，但让我们为屈老夫子点燃一炷心香——老夫子，您，请安息吧！

▲ 明·陈洪绶《饮酒读骚图》

长养功已极，大运忽云迁。
人间漫未知，微阴生九原。
生杀忽更柄，寒暑遂成年。
崔巍千云树，安能保芳鲜。
几微物所忽，渐进理必然。
韪哉观化子，默坐付忘言。
——宋·张耒《夏至》

夏至 夏为大，至为极

公元前7世纪，先民用土圭测日影，首先确定下了二十四节气中的夏至。土圭是一种测日影长短的工具，而所谓的土圭测日影其实就是“立竿测影”。通过直立在地上的竿子观察太阳光投射的竿影，先民发现夏至这一天白昼最长，夜晚最短，随后又发现昼夜等长的春分与秋分，并在此基础上确立了二十四节气。

每年6月21日或22日为夏至。这一天，北半球的白天是一年中最长的时候，而投射在地上的日影却是一年中最短的。所谓“至”，便意味着达到了极点。中国古代将夏至分为三候：“一候鹿角解，二候蝉始鸣，三候半夏生。”古人认为鹿与麋，前者属阳而后者属阴，夏至日阴气生而阳气渐微，故属阳的鹿角逐渐脱落；而麋属阴，角到冬至日才会脱落。雄性的知了将在感知到阴气后展翅鸣叫。而中草药半夏则正是因为生长在仲夏时节而得名。

▲ 半夏

夏至正值麦收时节，古时人们往往要在这一天举行祭神祀祖的活动。为了祈求丰年，人们会在稻田里插上草人，并在田间地头上摆酒设宴，祭祀土地、谷神。拜祭了神明之后，回家还要祭祖，相较祭神的程序，祭祀祖先要简洁许多。只需在田里折一枝新长的稻草放在祖先牌位前即可。在浙江绍兴，素有“嬉，要嬉夏至日”的俚语，古时无论贫富贵贱都要在夏至日这一天祭祖，俗称“做夏至”。除了一些较为常见的祭品之外，还会有一盘新麦做的蒲丝饼。

民间对于夏至还有很多经验之谈。例如民谚素有“夏至五月头，不种芝麻也吃油；夏至五月终，十个油房九个空”的说法。“不种芝麻也吃油”是指庄稼长势好，这一年自然收成不差，而“十个油房九个空”则指粮食歉收，年景惨淡，故而人们总是害怕夏至姗姗来迟。

靠天吃饭的农人将夏至至小暑间的十五日，分为头时、二时（中时）、末时三部分，合称“三时”。其中头时三天，二时五天，末时则为七天，如若中时下雨、末时打雷，那么当年多半会有水灾的忧患。

至者，极也。从这天起，一年里最热的伏天就开始了。夏至后，第三个庚日至第四个庚日的十天为初伏，第四个庚日至立秋后初庚的十天为中伏，立秋后初庚起的十天为末伏。我们很熟悉关于冬至那首“一九二九不出手”的九九歌，其实夏至也有九九歌。宋人周遵道的《豹隐纪谈》就载有一首《夏至九九歌》，形象生动地描述了入伏后从炎炎酷暑逐渐入秋的天气变化：

一九二九，扇子不离手；三九二十七，吃茶如蜜汁；
四九三十六，争向街头宿；五九四十五，树头秋叶舞；
六九五十四，乘凉不入寺；七九六十三，入眠寻被单；
八九七十二，被单添夹被；九九八十一，家家打炭墼。

入伏后，天气炎热，容易食欲不振，身体消瘦，民间谓之“疰夏”，故自古有歇夏的习俗。在我国古代，“夏至”之后，皇家则拿出“冬藏夏用”的冰“消夏避伏”，而且从周代始，历朝沿用，进而成为制度。

顺应时序更迭，熬度酷暑历来是夏至不变的主题，故而民间对夏至饮食很是看重。豌豆味甘、性平，有益中气，也有一些人家夏至这一天将豌豆研磨成粉，加入白糖制作成精致、可爱的糕点，不仅味道香甜可口且可预防疰夏，再配上些桃杏花红的果品，不失为馈赠亲友的好礼。

▲ 明·文徵明《凉亭消夏图》

北京夏至日流行“头伏饺子二伏面，三伏烙饼摊鸡蛋”。山东一些地区有夏至日吃生黄瓜和鸡蛋度“苦夏”的习俗。入伏后的早晨甚至只吃鸡蛋而不吃别的食物。夏至日吃狗肉是岭南地区的习俗。据说这一习俗起源于战国时期，秦德公即位第二年的六月酷暑难当，疫病成灾，按照“狗为养畜，能辟不祥”的说法，秦德公下令百姓杀狗避邪，久而久之便成了夏至日的习俗。俗语曰“吃了夏至狗，西风绕道走”，实则寄托了人们对于身强体健的美好期望。

说到苏州地区的夏至食俗则洋溢着吴地文化清新雅致的气息。夏至节气，苏州人素有吃粥的习俗。特别是在常熟、太仓一带，每逢夏至几乎家家户户都要吃粥。赤豆糖粥是不少苏州人钟爱的，当然也有人钟情于清热解毒、降火消暑的绿豆粥，更讲究一点的则吃冰糖雪梨粥、红枣莲心粥、酸甜乌梅粥。在赤日炎炎之中轻啜上几口水米柔腻的粥，比之浓油赤酱、甘脂肥浓，的确可谓是赛过山珍海味了。

民间还有“冬至馄饨夏至面”之说。其实，夏至吃面的习俗由来已久，魏晋时期就有伏日吃汤饼的习俗，而所谓“汤饼”，其实就是面条的雏形。在北方，夏至面的种类不可胜数，例如炸酱面、打卤面、凉面、面饼、面旗子等。百姓在这一天吃面，一则有新麦上市尝新的意味，再则民间素有“吃过夏至面，一天短一线”的说法。夏至吃面是用来比喻长昼的。

夏至这一天到了苏州，若不吃上一碗精工细作的苏式面条，那就有些说不过去了。从制面、吊汤、浇头到煮面、品尝，完成一碗清爽的夏令面，每一个步骤都可谓学问十足。而无论是被誉为苏式面“极品”的三鲜面，还是肥而不腻、宜于进补的白汤卤鸭面，抑或是素净爽口的素交面，都会令品尝者感到齿颊留香，回味无穷。

唐代大诗人白居易年轻时就曾在苏州做刺史，晚年居洛阳。老人都好怀旧，有一年夏至，他想起了“洛下麦秋月，江南梅雨天”，情不自禁回忆起昔日在姑苏过夏至的欢乐场景：

忆在苏州日，常谙夏至筵。粽香筒竹嫩，炙脆子鹅鲜。
水国多台榭，吴风尚管弦。每家皆有酒，无处不过船。
……

——《和梦得夏至忆苏州呈卢宾客》

苏州的夏至，有酒有美食，还有水阁台榭，更有悦耳的丝竹管弦，南国水乡都市的风情跃然纸上，而诗人在悠然闲情之外的迟暮伤感，亦令人沉吟。

而宋人张耒在这一天更多的是在思考宇宙的变迁和人生哲理：

长养功已极，大运忽云迁。人间漫未知，微阴生九原。

生杀忽更柄，寒暑遂成年。崔嵬千云树，安能保芳鲜。

几微物所忽，渐进理必然。韪哉观化子，默坐付忘言。

——《夏至》

当然，不管世事如何白云苍狗，变幻不定，日子总在一天天地过去。就像酷暑炎夏终将过去，人们照例会一年年地迎来秋色满园，正如张耒另一首诗里所写：

幽人短梦不终宵，起步星河望寂寥。

缺月挂檐鸡一唱，露华秋色满芭蕉。

——《末伏日五更小凉》

不论酷暑多么难耐，转眼便是金风送爽的秋日了。

▲清·翟大坤《水村消夏图》

暑雨频经信宿休，
近郊方出释潜忧。
虽妨麦始二停获，
且见苗知一半收。
神岳怖民藏电雹，
老松凭寺偃蛟虬。
佳游况遇从丰谶，
好饰千仓待有秋。

——宋·韩琦《六月六日雨后过岳庙游从封寺观稼》

晒红绿，请姑姑

六月六，一听就是个好日子，顺溜、喜气，还透着平和的热闹与淡泊家常里的幸福——它那些五花八门的别称，不管是雅的天贶节、曝书节，还是俗的晒衣节、曝晒节、瞧夏节、闺女回娘家节，其实都不如直截了当地叫六月六来得生动有趣。

每年农历六月六要做的事情可真不少，但关键词无非一个“晒”字——北方收了新麦，江南则已出梅，炎天伏日的，正是晒霉的好时节。于是龙王爷要晒龙鳞和龙袍，凡人则“士曝书，农曝谷，妇曝衣”——古籍受潮易生蛀虫，所以读书人要在六月六“晒蠹鱼”；同样的，僧人要晒佛经；农民要晒谷子；主妇们则忙着晒衣物，即所谓“六月六，晒红绿”，庭院里晒得满坑满谷的，触目锦绣，仿佛邻里间亮家底的比赛似的。

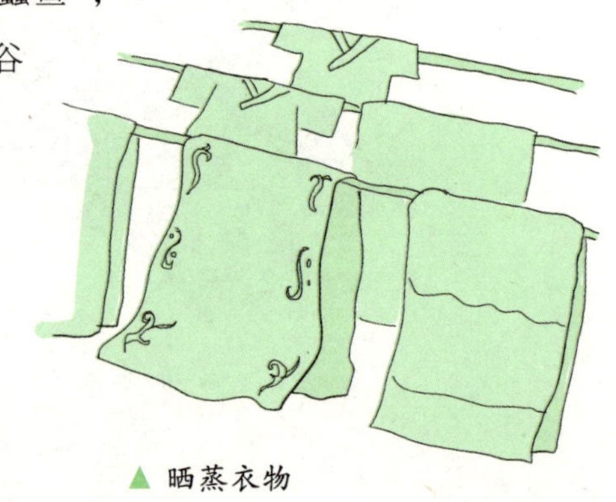

▲ 晒蒸衣物

据传，“六月六，晒红绿”的习俗是周武王伐纣时传下来的。传

说武王姬发兴兵伐纣，率领大军驻扎殷商都城朝歌南郊牧野，突然天降大雨，三军将士均受雨淋。这时正是伏天，空气潮湿衣服容易霉烂。恰好六月初六这天天气晴朗，武王就命令军队翻晒衣服，四五万大军都把湿衣服拿出来晒。武王夫人的衣服在凤岗上一摆出来，五颜六色一片红红绿绿分外耀眼。后人相效仿在六月六晾晒衣物，遂成风俗。

杭州人把这叫“晒蒸”（“蒸”要念去声），把隔季的衣物拿出来，这件抖抖，那件比比，甚至套在身上试试尺寸还合适不，还要有一搭没一搭地说说关于它们的“掌故”，简直就是一场生命的回放、记忆的盛典，怎么着也快不了。就连平时做事极麻利的女人这时候也往往放慢了手脚，变得温柔细致了。到傍晚，晒得滚烫的衣物收进来堆在床上、沙发上，晾凉了，才能重新挂进衣柜。那时候没有空调，屋子给弄得热烘烘的，但那浓烈的艳阳的香气，还是给人很舒服的感觉。要晒的“红绿”中有一样非常重要的东西，就是长辈的“老衣”。因为人们相信这样能使老人延年益寿。

按照江南人的风俗，六月六这一天还得晒晒家里的豆瓣酱，而客家人在六月六则讲究晒族谱。当然，六月六这天也不免有那穷酸狂放的书生支棍晒破裤，故意煞风景；而风雅好招摇的文人则故意袒腹自晒，表示腹有诗书万卷。同时，人们还要给猫狗洗澡，女人则必得在这一天洗头发，因为“沐之则不垢不腻”，似乎比任何优质洗发水都管用。

节日往往离不开吃。六月六也有吃的节目，叫做尝新，即吃新麦做的面条和饺子。有些地方则言“六月六，鸡蛋晒得熟”，流行吃晒蛋。在河南汝南、上蔡一带，六月六要吃炒面，据说是为了纪念岳飞。因为当年岳飞收复蔡州（今汝南）时，当地老百姓曾拿炒面慰问抗金将士。最有趣的是六月六出嫁的女儿要回娘家，称“瞧夏”或“忘夏”，她们没有左手一只鸡，右手一只鸭，而是拎着新麦面做的蒸馍、糖包和油食，请娘家亲人尝新。在豫南，

▶ 六月六苗歌节

还有婆家请未过门的媳妇来做客的习俗，亦谓之“看麦收”，而有的客家人则要吃狗肉喝烧酒。当然，最不同的要数六月六苗歌节，这一天苗族儿女要对歌狂欢，恣意享受生命。

六月六这天出嫁的女儿要回娘家的习俗在民间被称为“六月六，请姑姑”，相传这一习俗始于春秋战国时期。

晋国宰相狐偃自恃功高且又得宠于晋文公，便飘飘然没了方向。那时，每到六月初六狐偃生日，人们都会前来祝寿并送上厚礼。但随着狐偃气焰日盛，专横跋扈，人们对他的所作所为越来越不满。狐偃曾当众羞辱自己的亲家赵衰，怒不可遏的赵衰由于年老体弱不久便过世了。狐偃的女婿因此怀恨在心，决定在来年六月六，于狐偃的寿筵上杀死他，为父报仇。

得知这个计划后，狐偃之女忐忑不安，她一方面不满于父亲的胡作非为，但又不能狠下决心大义灭亲，思量过后她还是决定回娘家通风报信。当狐偃的女婿发现自己的妻子失踪后，知道计划可能已经败露，但又无计可施，只好坐以待毙。结局却出乎所有人的预料。六月初六，狐偃非但没有为难自己的女婿，还对自己往日所为深感罪孽深重，决心悔过自新，重新做人。而女婿亦不计前嫌，从此一家人重归于好。自此之后，每年六月初六狐偃都要邀请女儿、女婿回家团聚。此事传到民间，百姓纷纷效仿，以祈求家中消仇解怨、免灾去难。

说到六月六，那就不得不提莲诞日了。莲诞日又称观莲节，是自宋代开始就有的传统节日，明代则俗称“荷花生日”。这一天，人们大多以划船、观莲来庆祝节日。

“六月荷花透水开，霍兴送花上楼台。为你小姐珍珠凤，不做解元做奴才。”——洛阳才子文必正偶遇才女霍定金，并拾得霍千金的珍珠凤，慕才惊艳的他下决心卖身霍府，伺机求婚。辛苦委屈数月后，改名霍兴的文解元终于等得良机，送花上楼台。他将珍珠凤藏于花篮之中，并附诗一首暗探芳心……在脍炙人口的越剧《双珠凤·送花楼会》一折里，荷花扮演了非常重要的角色——霍府全家受邀观莲雅集，小姐微微抱恙未曾赴会，殷勤的主人便命僮儿将莲花给小姐送到绣楼供她玩赏，于是才子佳人的曲折故事拉开了帷幕。若问送花在哪一天？则应该是观莲节了。

▲ 清·焦秉贞《碧湖观莲》

有道是“接天莲叶无穷碧，映日荷花别样红”，文人赏荷消夏，吟诗作画，是很惬意的。何况还有不少美食助兴——莲的花、叶、藕、籽都可入

▲ 现代·蔡铣《荷花图》

馔。柳宗元诗云："青箬裹盐归峒客，绿荷包饭趁虚人。"说明中唐时有吃绿荷包饭的习俗，想必是取荷叶的清香入饭。

宋人喜欢将莲花的花瓣捣烂加入米粉、白糖蒸成莲糕，明人则将其制成荷花酒。杭州名菜里有一味荷叶粉蒸肉，是用当令的鲜荷叶将炒熟的香米粉和经调味的五花肉包裹起来蒸制而成，清香鲜润，软糯不腻，佐酒、下饭或夹饼同食均佳，就是再不喜欢吃肉的人都不会讨厌它。据说此菜创于清末，和西湖十景之一的曲院风荷有关。其实，想来它和唐代的绿荷包饭是如出一辙的。

不管是越剧还是锡剧、京剧，都没有告诉观众文必正上绣楼，小姐招待他吃了什么——如果有，想必应该是一瓯甜甜糯糯的莲子羹吧。小说戏曲里的夫人小姐最经常吃的点心就是莲子羹，又可口，又最是清雅。

何以消烦暑？端居一院中。
眼前无长物，窗下有清风。
热散由心静，凉生为室空。
此时身自得，难更与人同。
——唐·白居易《消暑》

蟋蟀居宇，萤飞草上

每年7月7日或8日为小暑，是夏天的第五个节气。顾名思义，小暑是指天气热了，但还没到最炎热的时候。古时人们将小暑分为三候："一候温风至，二候蟋蟀居宇，三候鹰始鸷。"这个节气大地上已不再有凉风吹拂，而是热浪滚滚，蟋蟀离开田野到屋宇庭院的墙脚处躲避，老鹰也避开温度高的地面到清凉的高空中活动了。

一到小暑，祛湿便成了养生之重，故而在饮食上大有讲究。除了莲藕、绿豆等清淡芳香、醒脾生津的食物之外，各地民间都有传统的消暑食品，比如北方人喜欢吃绿豆糕，喝乌梅汤，还说"头伏饺子二伏面"。徐州人在尧舜时期就开始入伏吃羊肉，称吃伏羊，有"彭城伏羊一碗汤，不用神医开药方"的说法。而广东尤其珠三角一带，则在小暑日用荷叶、土茯苓、扁豆、薏米、猪苓、泽泻、木棉花、灯芯花等材料煲成消暑的汤或粥，以应节解暑。佐餐的汤品也多用冬瓜、薏仁、鸭子等食材，如冬瓜荷叶薏米煲排骨等。当然，西瓜、黄瓜等也是上佳的选择。山东临沂地区还有在伏日煮麦仁汤给牛喝的习俗，据说牛喝了以后身体健康能干活。这也是我国传统农耕文化的一个折射。

▲ 元·刘贯道《消夏图》

江浙皖沪一带的小暑美食，窃以为当首推黄鳝。黄鳝味甘性温，可补虚损、除风湿、强筋骨，极适合夏季食用。除了青藏高原，全国均产黄鳝，而以长江流域为多，故江南人擅食之，比如徽帮有名菜响油鳝糊，淮扬菜则有出名的炝虎尾，是因黄鳝丝在盘内摆成虎尾形而得名。

台湾的黄鳝饭也很有意思。将活鳝洗净，用漏勺捞出，等饭在锅中沸滚之后，将黄鳝快速丢进去盖好盖子，任黄鳝在锅内跳跃穿梭。饭熟后，拌上油、盐，连黄鳝带饭一起吃，据说很是养人。当然，厨师们也与时俱进，不断在改良黄鳝菜。

小暑往后的十五日更加暑气逼人的大暑接踵而至，正所谓“小暑大暑，有米懒煮”。大暑节气正值“三伏天”里的“中伏”前后，就是一年中最炎热的日子，人倒了胃口，连一日三餐都懒得做了。不过，热是正常的，要不热就麻烦了。岂不闻“伏天穿棉袄，收成好不了”“六月盖棉被，新米倒比陈米贵”？正所谓“禾到大暑日夜黄”，这个时节就该是稻在田里热得笑，而人呢，也只能在屋里热得跳了。

古时，人们将大暑分为三候：“一候腐草为萤，二候土润溽暑，三候大雨时行。”每年的大暑时节，产卵于枯草上的陆生萤火虫卵化而出，并不知其中原委的古人认为萤火虫是由腐草幻化而来的。虽然天气闷热潮湿，但时不时出现的雷雨天气又稍稍缓解了暑湿带来的窒闷与焦躁。不知不觉中，天气已经开始向立秋过渡了。

据传在清同治年间，每逢大暑，浙江椒江一带就有疫病流行。为了防止疰夏和瘟疫的流行，于是就有了送大暑船的习俗。大暑船长约十五米，宽约三米，船内设有神龛和香案，放上猪、羊、鸡、鱼、虾、米、酒等食物与桌椅、床榻、枕头、被子等生活用品。大暑前数日，请和尚做过法事，然后在大暑日将船驶到椒江口，让它趁落潮漂向大海深处，意谓送走瘟疫，祈求平安。船越是无影无踪，越表示大吉大利。

当然，防病的同时也需适当进补，童子鸡、老鸭、鸽子和柔腻的粥品都是民间看重的暑日补食。俗话说大暑老鸭胜补药，奉贤则有“伏阳一碗养肉汤，冬天不用开药方”之说。广东一些地方则有大暑“吃仙草”的习俗，民谚云：“六月大暑吃仙草，活如神仙不会老。”仙草又被称为凉粉草、仙人草、仙人冻等，仙草味甘性寒，有清热利湿、凉血消暑之功效，若加水煎汁制成凉粉，又是清热消暑的绝佳甜品。莆田大暑则有食用米糟的习俗。用米饭和白米搅拌、发酵，等到大暑那天熟透成糟后，将米糟切块与红糖同煮，吃后据说能够大补元气。另外，必须强调的是还得提防情绪中暑。当然，心静自然凉是最好的药方。

虽说“大暑小暑，上蒸下煮”，每年这个时候，人体因为出汗过多，消耗大，体力也流失得更快，但这却并不妨碍闲暇时，人们对于娱乐活动的热衷，斗蟋蟀便是大暑节气不可不提的民间休闲娱乐活动。

在我国，斗蟋蟀是一项深受百姓喜爱的娱乐活动，它发源于长江流域与黄河流域中下游。自唐至今，这项古老的娱乐活动经历了漫长的岁月，始终葆有其独特的生命力，成为老百姓心中生动且极富趣味的大暑记忆。每年大暑节气，乡间田野里蟋蟀的数量不断增多，一些地方有以斗蟋蟀取乐的风俗，从大暑开始至秋末，这一过程约会持续百日。

蟋蟀对环境的适应能力非常强，只要有杂草的地方，就有蟋蟀生存。据

▲清·费丹旭《童子斗蟋蟀》

古籍记载，深色土中淡色虫多好斗，淡色土中深色虫亦性情剽悍。斗蟋仅限雄性，且要求无仰头、卷须、练牙、踢腿这“四病”。其中“练牙”二字对于不熟悉门道的人来说或许不明所以，其实蟋蟀格斗通常靠牙定胜负，故而斗蟋往往要求蟋蟀的牙门迅速关闭，但有些蟋蟀受虫草后必练牙数次方能闭合，所以一般宜选牙钳阔厚且长，锯齿锋利，引草后牙开一线或是吃虫草的为好。此外，颜色外观亦有高低贵贱之分，一般“白不如黑，黑不如赤，赤不如黄”。两蟋相斗，大多选择重量、体型相当的，以蒸熟后的日草或马尾鬃引斗。为了保卫自己的领地或争夺配偶，两只蟋蟀撕咬缠斗，胜者张翅长鸣，战败一方则逃之夭夭。

众所周知，大暑前后是雷雨高发期，晴空丽日下可以霎时间风狂雨骤，黑如夜晚，不多时则又彩虹高挂舒适清凉。唐代诗豪刘禹锡最著名的诗句“东边日出西边雨，道是无晴却有晴”，表达的也就是民谚所说的“夏雨隔牛背，鸟湿半边翅”，盛夏季节出现的分布不均、历时短暂的降雨即为“牛背雨”。南宋某年的大暑，羁旅行役的诗人范成大正在舟中，突遇暴雨，关心百姓疾苦的他马上想到了靠天吃饭的农夫，吟道：“扁舟风露熟，半世江湖遍。不知忧稼穑，但解加餐饭。遥怜老农苦，敢厌游子倦？”而1924年的大暑，远在美国求学的闻一多则因为思乡念家，写下了清新质朴的《大暑》：

……

我要回家了，今天是大暑；
我们园里的丝瓜爬上了树，
几多银丝的小葫芦，
吊在藤须上巍巍颤，
初结实的黄瓜儿小得像橄榄，……
呵！今年不回家，更待哪一年？
今天是大暑，我要回家了！
燕儿坐在桁梁上头讲话了；
斜头赤脚的村家女，
门前叫道卖莲蓬；
青蛙闹在画堂西，闹在画堂东，……
今天不回家辜负了稻香风。

……

▲ 清·倪耘《果蔬图》

爱汝东庵暑气薄，
解衣盘礴坐莓苔。
一林绿竹尽可数，
五月白莲犹未开。
捉麈谈禅知独往，
买鱼沽酒待重来。
沧江日落山更好，
且放轻舟缓缓回。

——元·成廷珪《夏日过万蓬庵》

冬练三九，夏练三伏

南宋某年的五月初二，诗人杨万里身处长江舟中，“上下东西与南北，一面是水五面日。日光煮水复成汤，此外何处能清凉？掀蓬更无风半点，挥扇只有汗如浆……”更可恼的是苍蝇还叮在人身上借人身的阴影纳凉，诗人真是恨不得肋下陡生双翼飞往清凉国去了。

北宋梅尧臣《和蔡仲谋苦热》诗云：“大热曝万物，万物不可逃。燥者欲出火，液者欲流膏。飞鸟厌其羽，走兽厌其毛。”因为苦热，鸟兽恨不得去掉身上的羽毛，人也怕穿衣裳。对酷热情状的描摹刻画非常逼真、细致、微妙、有趣，堪称形容尽相。

北宋王禹偁笔下的酷暑也同样火烧火燎，不仅“六龙衔火烧寰宇，魏王冰井如汤煮”，而且“我闻胡土长飞雪，此时日晒地皮裂”，连长年积雪的北国也土地干坼，可见酷暑难当。

伏日是一年中气温最高且又潮湿、闷热的日子。伏即为潜伏的意思。所谓的“伏日”，就是指农历“三伏天”，即一年当中最热的一段时间。

夏至后，第三个庚日为初伏，第四个庚日为中伏，立秋后第一个庚日为末伏，每伏均为十天，合称“三伏”。“三伏”的“伏”就是指“伏邪”，即所

谓的“六邪”（风、寒、暑、湿、燥、火）中的暑邪。三伏天是出现在小暑与立秋之间，是一年中最炎热的一段时间。古人诗句中描摹了三伏天的各种炎热：

> 平生三伏日，道路无行车。（晋·程晓《伏日》）
> 日轮当午凝不去，万国如在洪炉中。（唐·王毂《苦热行》）
> 初伏炎炎坐汤釜，长安行人汗沾土。（宋·张耒《初伏大雨呈无咎》）
> 炎天三伏经初伏，火烈石焚疑此时。（宋·白子仪《初伏后偶书呈抑之》）

宋·王齐翰《槐荫消夏图》

这些诗句描述的无不是伏日热如火，挥汗如雨，路上人车稀少，连植物都无精打采的苦热情状。

三伏天是一年之中最热的时候。这时候人容易生病，故而伏日养生长久以来也为人所津津乐道。头伏就有“歇伏”“洗百病”“贴伏膘”的说法，头伏吃饺子更蕴含着“元宝藏福”的美好寓意。三伏天的时候，吃个烙饼摊鸡蛋不仅可以增加营养，也有几分送别伏天的意味。

为了消解炎夏的酷热，沁人心脾的冷饮自然是必不可少的，清人顾铁卿在《清嘉录》中记叙了夏日苏州街头小贩叫卖“凉水”时的场景。“凉水”只是这些消暑饮品的总称，若要细分种类则可说是花样繁多，商贩往往要在其中添加些许盛夏正当季节的时鲜果品，例如杨梅、桃子，故而人们又把凉水称为“冰杨梅”“冰桃子”，这些色泽艳丽、滋味清新的饮品不仅带走了盛夏时节恼人的燥热，更带来了畅快、轻松的味觉体验。到了清代，“凉水”改名成了“暑汤”，辅料往往是苏叶、藿叶、甘草等清热解毒的药草，较之以往单纯的避暑消夏，更多了几分养生保健的意味。

除了千百年来传承的避暑良策，不管烈日如何流金铄石，素心人亦自有消遣之道——心静自然凉。

文人避暑往往颇为风雅。有一年，欧阳修去西山养病，归来已绿肥红瘦，他乘兴游园，但见“蒲萄忆见初引蔓，翠叶阴阴还满架。红榴最晚子已繁，犹有残花藏叶罅”，不由得感慨“人生有酒复何求，官事无了须偷暇”。马上动了请朋友过来小饮怡情的念头，想必欧阳修与新朋旧友在葡萄架下把酒言欢共话平生，最是惬意。而把皇帝御赐的冰块分赠友朋也是欧阳修喜欢做的事情。老病侵寻的宛陵先生梅尧臣就是受赠人之一，他曾感动地写下了一首《中伏日永叔遗冰》——友情，似乎比冰块更能消暑祛病也。

诗人不仅有推杯换盏的闲情逸致，还有买鱼沽酒入佛门的放浪形骸。中唐才子钱起的《避暑纳凉》写的是他到天台山度夏的光景：

木槿花开畏日长，时摇轻扇倚绳床。
初晴草蔓缘新笋，频雨苔衣染旧墙。
十旬河朔应虚醉，八柱天台好纳凉。
无事始然知静胜，深垂纱帐咏沧浪。

在深山禅院里斜倚绳床轻摇扇儿，享受炎天伏暑里的无比清凉，自然惬意不过，但前提是心中无事，了无挂碍。否则，就是结庐莫干山顶，也会心烦意热，烦恼无限。

去山里小住似乎奢侈了些，也不太方便，故唐人许浑选择在花木葳蕤绿荫浓浓的邻家避暑：“栏围红药盛，架引绿萝长。永日一欹枕，故山云水乡。”能在邻人家中如此酣畅放肆地睡去，就是汗透葛衣，也是极愉快的，更何况绿萝殷勤撑起了大片阴凉呢？明人吴宽也很享受松柏绿萝的浓荫，他写道：“绿阴松萝暑气凉，清泉泻入小池塘。人间昼永无聊赖，一朵荷花满院香。”不过，同样是写小庭深院午寐初醒，荷之清香扑鼻而来的意境，似乎一个多世纪后的明代女诗人黄幼藻的笔端更见灵动趣致：“深院尘消散午炎，篆烟如梦昼淹淹。轻风似与荷花约，为送香来自卷帘。”她以拟人的手法将轻风和荷花活化成通人性、体人情的清幽仙子，读来令人口角噙香。

▲现代·于照《夏荷》

午睡乃伏日又一乐事，而假如能在骤雨凉风中往黑甜乡中走一遭，则更是千金难买的快事一桩。北宋书法家蔡襄就是这样的一个幸运儿，他一觉醒来看到庭前花木如洗如濯，欣欣然各有意态生机勃勃，忍不住一一为之工笔白描：

闰夏天气热焰烘，崇朝快雨随清风。

昼轩梦觉开前栊，画栏花草意气雄。

侧枕遥问数异同，如子微物烦化工。

盍各言尔之所从：繁葩富艳生朱红（川海棠），

枯条大蕊千万重（绛桃），修干点缀赤日中（蜀葵），

蠲去忧忿谁与功（萱草）？采摘烹煮祛烦胸（百合），

秋霜巨实垂如瓮（木瓜），横柯远引交加丛（红玫瑰），

叶抽绿剑端黄茸（山姜），直立开披泉货通（金钱），

叠绕翠羽翻虬龙（薛荔），误入畦町非余公（顷麻），

助涤渴肺思匪躬（麦门冬），物物自名词不穷。

愿当我意乃汝容，负汝不饮惭衰翁。

——《甲辰闰月初伏快雨凉风昼眠初觉，庭前小栏花木各有意气，效柏梁体》

盛夏午后，小寐初醒，颊上犹带枕簟痕。在这当儿，小啜一口菊花茶或者金银花茶，再低吟一遍蔡襄的这首诗，想来是要会心一笑的。

鸾扇斜分凤幄开，
星桥横过鹊飞回。
争将世上无期别，
换得年年一度来。
——唐·李商隐《七夕》

迢迢牵牛星，皎皎河汉女

农历七月七日为七夕，别名双七、重七，因是牛郎、织女二星相会的日子而又称“星期”。众所周知，这一天女子要穿针乞巧、投针验巧，在瓜棚花架下偷听牛郎、织女的悄悄话，以求心灵手巧，获得幸福美满的姻缘，故七夕又称巧夕或乞巧节。近年来，七夕更被公认为中国情人节。不过，七夕并非女子的专利，而是大家的节日。

远古的人们崇拜星星，他们认为东西南北各有七个星宿，合称二十八宿，其中以北斗七星最亮，其第一颗叫魁星，又称魁首。科举制度产生后，状元就被称为“魁首”。因魁星的生日是七月七日，且“七”与“吉”谐音，“七七”还有双吉之意，所以七月七就成为普天下读书人的“魁星节”。在这一天，读书人要拜魁星，祈求科考顺利、前途光明。

说到七夕，自然离不开一个“巧”字，历数古往今来文学作品中的女性，名字里带“巧”字的可谓不胜枚举。且她们大都透着一股子聪明、灵巧，可人得很，往往还福慧双修。比如，评剧里唱着“我要自己找婆家呀”的刘巧儿，《红楼梦》里从朱门大户到纺绩乡村平安终老的巧姐巧姑娘。哪怕是张爱玲笔下被“金锁”锁住了青春、锁住了活力、锁得变形变态的曹七

▲清·陈枚《月曼清游图·桐荫乞巧》

巧，也曾经有过玲珑剔透、可人爱、可人疼的生命状态。张扬跋扈、不信阴司报应的王熙凤恐怕根本不曾料到，被自己从心底里瞧不起，随意当活宝耍的穷亲戚刘姥姥，日后会成为自己唯一的心肝宝贝巧姐的恩人。凤姐随意甚至无意中施予刘姥姥的恩惠，人家后来涌泉相报，巧姐儿的命运，还真的如姥姥所言，逢凶化吉、遇难呈祥，确实都从这“巧”字上来！

七夕最热闹的还是乞巧。七夕之夜姑娘们所乞之“巧”具体是什么？答案很简单，就是一双巧手——一双擅长烹饪、缝纫，善于持家，变废为宝的巧手，一双能够相夫教子、旺夫兴家的巧手！古代妇女每逢七夕都要在月下乞巧，祈望自己像织女那样智慧、灵巧，拥有诚挚的爱情和美满的婚姻。这样说来，女子乞巧，求的不仅是一双巧手，同时还是求子、求福、求寿，求美满和谐的婚姻家庭。

七夕晚上，一众女子在庭院内陈列巧果、莲蓬、白藕、红菱等，巧果是用面粉制成的各种小型食物，用油煎炸而成。

较早出现的乞巧方式是“穿针乞巧”，有双眼、五孔、七孔、九孔等不同的乞巧针，女子在七夕晚上，手拿丝线，对着月光穿针，谁先穿过就是“得巧”。穿针乞巧的民俗最早始于汉，流于后世。史料中多有记载，如东晋葛洪的《西京杂记》说：“汉彩女常以七月七日穿七孔针于开襟楼，俱以习之。”五代王仁裕《开元天宝遗事》则记载得更为详细，不仅记有七夕彩楼，还有祭祀摆设，更包括了穿针乞巧的竞赛规则：“七夕，宫中以锦结成楼殿，高百尺，上可以胜数十人，陈以瓜果酒炙，设坐具，以祀牛女二星，妃嫔各以九孔针、五色线向月穿之，过者为得巧之候。”

七夕另一项颇具趣味的活动即蛛丝乞巧，是盛行于唐代的一种乞巧方式。唐刘言史《七夕歌》诗中也写过这种风俗：“碧空露重彩盘湿，花上乞得蜘蛛丝。”女子在七夕之夜捕捉蜘蛛（也称喜子）放在事先准备妥当的小盒子中，翌日清晨打开盒子，根据事先设定好的标准评价蜘蛛一夜所织，来研判得巧丰寡。这个习俗大致起于南北朝之时。五代王仁裕《开元天宝遗事》中记载说：“七月七日，各捉蜘蛛闭于小盒中，至晓开；视蛛网稀密以为得巧之候。密者言巧多，稀者言巧少。民间亦效之。”后来历代验巧之法也稍有不同，南北朝视网之有无，唐视网之稀密，宋视网之圆正，后世多遵唐俗。

▲清·郎世宁《十二月令图·七月乞巧》

飞针走线是巧女必备的技艺。也有未婚女子给心上人绣鞋垫或者做褡裢定情的习俗。

一方绣制精巧的手帕或一个编织得玲珑精致的扇坠，也往往是古代小说戏曲中男主人公由物而起相思爱慕的因由。于是，女子乞巧学巧，男子识巧爱巧。所不同的也许只是，当代的棒小伙会爱上女郎上下翻飞敲击键盘写出锦绣文章的灵巧十指，而古代书生心心念念的则是深闺女儿熬莲羹制寒衣的玉腕纤指。

此外古时七夕还有少女求嫁、少妇求子的习俗。女子若想要在七夕求子，则需在七夕前几天，敷一层土在小木板上，随后种下粟米种子，待到它抽出翠绿色的嫩苗后再摆上些许花木为饰，看起来就好像农家小舍的样子，称之“壳板”。也可以将绿豆、小麦等浸泡在瓷碗里，待其发芽后以红、蓝丝绳扎成一束，叫做“种生”或“五生盆”。

唐宋时家家都在七夕供奉蜡或土木制作的玩偶“磨喝乐”，以求宜男。它亦称“摩睺罗”，是梵语的音译，即佛教八部众神之一的摩睺罗神。“磨喝乐”传入中国以后，为了让人们接受，便于传播，自然就要融入当地民风民俗，所以逐渐由蛇首人身的形象演化为可爱的儿童形象，成为七夕节供奉牛郎、织女的一种土泥偶人，甚至成为儿童玩具。据《东京梦华录》记载，两宋时期，每年七夕，无论是贫富贵贱，人们都要用“磨喝乐”来供奉牛郎、织女，借此来实现多子多福的愿望。其实，与“磨喝乐”类似的偶像崇拜在唐代就有，那就是化生，化生本意是指万物由阴阳二气交感而产生、变化的过程。北宋理学家周敦颐在其著作《太极图说》中亦有“二气交感，化生万物”的记载，故而唐代就有七夕弄化生，盼生男孩的习俗。

七夕也是古时候官方最重视的节日之一。所以古人写七夕的应制诗比例颇高，像唐太宗、陈后主等君王还常常亲自加入吟咏的队伍。即使不必应制奉和，诗人们也很乐意在每一年的七夕咏牛女、咏穿针、咏乞

巧，或是写代言体的《织女赠牵牛》《牵牛答织女》，煞是热闹。其中，人们印象最深刻的也许是秦观代表作《鹊桥仙》里的名句：“两情若是久长时，又岂在朝朝暮暮。”而最具代表性的诗歌，大概要数古诗十九首中那首清新质朴、朗朗上口的《迢迢牵牛星》了：

迢迢牵牛星，皎皎河汉女。
纤纤擢素手，札札弄机杼。
终日不成章，泣涕零如雨。
河汉清且浅，相去复几许？
盈盈一水间，脉脉不得语。

其实，杜牧的绝句《秋夕》知名度也不亚于此诗：“银烛秋光冷画屏，轻罗小扇扑流萤。天阶夜色凉如水，卧看牵牛织女星。”

▲ 鹊桥相会

第三章 秋

自古逢秋悲寂寥
我言秋日胜春朝

七月半

七月半

处暑

寒露

霜降

秋

霜降

白露

重阳

寒衣节

中秋

立秋

秋分

处暑

乳鸦啼散玉屏空，
一枕新凉一扇风。
睡起秋声无觅处，
满阶梧叶月明中。
——宋·刘翰《立秋》

立了秋，把扇丢

立秋，秋季的第一个节气，在每年的8月7日或8日。“秋”字由“禾”与“火”构成，是禾谷成熟的意思，古时候也写成“烁”。立秋就是夏去秋来，暑气褪去的意思。到了立秋，梧桐树开始落叶，因此有“落叶知秋”的成语。古人如此描述立秋的三候：“一候凉风至，二候白露生，三候寒蝉鸣。”不同于炎夏的熏风，此时的风吹在脸上已能感到凉意阵阵，晨间往往有雾气。由于感受到逐渐转凉的天气，寒蝉也开始鸣叫了。

立秋并不意味着秋的开端。在我国，除了长年皆冬和春秋相连的无夏区之外，很少有在“立秋”就进入秋季的地区。也许正因如此，当年的郁达夫曾强调：“我的不远千里，要从杭州赶上青岛，更要从青岛赶上北平来的理由，也不过想饱尝一尝这‘秋’，这故都的秋味。”换言之，谚语所谓的“立了秋，把扇丢”，即文绉绉的成语典故“秋扇见捐”中那个“秋”，基本是“秋分”的“秋”，而非“立秋”的“秋”。谚语有道是：“一场秋雨一场寒，十场秋雨要穿棉。”而郁达夫则学着北方人的声调说：“‘可不是么？一层秋雨一层凉了！’北方人念阵字，总老像是层字，平平仄仄起来，这念错的歧韵，倒来得正好。”

▲清·艾启蒙《乾隆皇帝一箭双鹿图》

古时人们对于立秋的重视并不亚于立春，每年立秋的那一天，周天子都会亲自率领三公九卿到西郊迎秋，同时举行祭祀仪式。祭祀时，车旗服饰往往都是利落、清爽的白色，人们歌《西皓》、八佾舞《育命》之舞，天子狩猎、宰杀野兽，来表达秋来扬武之意，到了唐代依旧承袭这一做法。

立秋时节有不少顺应时序且不乏趣味的习俗。相传元末时，淮河流域出现了一支农民起义军，这支军队纪律严密、秋毫无犯。一日，他们行军至淮河岸边时已是深夜，为了不扰民，便于旷野露宿。其中一些战士饥肠辘辘，就到田间地头摘了些瓜果充饥，主帅发现后，欲将他们治罪。当地的村民得知此事，纷纷前来向主帅求情，其中一位老者为了帮战士们洗脱罪名，便随口说了句："八月摸秋不为偷。"主帅听后便免去了几个战士的罪责。

是日恰逢立秋，从此便有了"摸秋"的习俗。所谓"摸秋"，就是在立秋当晚可以到别人家的菜园子里摘瓜果，被摘的人家无论"损失"多少，也全然不会计较。这一习俗在安徽太湖、潜山及江苏北部等地尤为流行。

南宋周密的《武林旧事》卷三记有"立秋日，都人戴楸叶，饮秋水、赤小豆"。立秋时戴楸叶的习俗一直可以追溯到唐朝。楸别名梓桐、金丝楸，是大戟科落叶乔木，高三丈有余，叶大呈圆形或卵形，嫩叶为红色。每年立秋，梧桐叶纷扬飘落，昭示着时序的更迭，都城内外，满街都是叫卖楸叶的商贩，大概由于楸树之楸与秋天之秋同音，立秋日妇女及儿童便会争相购买楸叶，并剪成花的形状戴在鬓边，用美丽的心情迎接秋的到来。据说，立秋日戴楸叶，可保一秋平安。因此，戴楸叶习俗历经唐、宋、元、明、清各朝，长盛不衰。现在农村有些地方，每年立秋前后，不仅戴楸叶，而且还有人把楸叶或树枝编成帽子戴，既可以应时序，又可以乘凉、消暑。此外，除了戴楸叶，民间还有在立秋日戴石楠红叶的习俗，如果是儿童还要用红布剪成葫芦形，缝在孩子后裾上，用以祛疾病。

相传，因为夏天胃纳欠佳，身形便会清减不少，所以民间流行在立秋这天称体重，并将体重与立夏时对比，而且还要好好犒劳一下自己——立秋日要吃肉，普通人家吃炖肉、肘子，讲究一点的则吃白切肉、红焖肉以及各种肉馅水饺，或炖鸭、烤羊肉串、涮火锅等，名曰“贴秋膘”。

过去，人们还相信立秋吃瓜和蒸茄脯、喝香薷汤，能免得冬春的痢疾，这叫“啃秋”或者“咬秋”。与“咬春”类似，人们认为立秋之时吃一些东西可以防止疾病的发生。那么，各地“咬秋”吃的是哪些食品呢？有一些地方咬秋时习惯吃西瓜。清人张焘《津门杂记·岁时风俗》记载：“立秋之时食瓜，曰咬秋，可免腹泻。”有人觉得立秋吃西瓜可以消解夏日积结的暑气，也有人说是为过冬而存储“阳威”。老杭州人则习惯立秋吃桃，吃完还把桃核留下，到除夕才把那桃核丢进炉中烧成灰，以祛除一年的疫病。

▲ 清·陈康侯《瓜果草虫图》

立秋时节民间还有颇多禁忌。例如云南等地忌讳立秋日在田间行走，据说这么做会对秋收产生不好的影响；在山东莱西，人们不会在立秋这天洗澡，说是这天洗澡身上就得长痱子；湖北孝感地区则有“立秋雷电，天收一半”的说法，意思就是立秋日若遇雷电，粮食就要减产；在遂昌，素有“立秋雨打头，无草可饲牛”的谚语，人们认为立秋这天下雨，之后非旱即涝，必定影响收成；而在山东牟平、江西南昌、江苏常熟等地区，立秋后见彩虹，同样预示着这一年要为收成烦恼了。

在历代骚人墨客的心中，秋是衰飒、凄迷的代名词，节令之秋喻示着人生之秋、心情之秋。唐人李益立秋前一日揽镜自照深慨韶华不再，惆怅不已，有诗云：“万事销身外，生涯在镜中。惟将两鬓雪，明日对秋风。”所以，只要是写立秋的诗词，不管其题目里有没有“书怀”“悲怀”等字样，其核心内容都大同小异。如晚唐令狐楚《立秋日》诗云：“平日本多恨，新秋偏易悲。燕词如惜别，柳意已呈衰。事国终无补，还家未有期。心中旧气味，若校去年时。”诗中所抒发的，无不是光阴虚度秋意浓的悲凉。

大诗人白居易常常在立秋日惦念远方的朋友——“故人千万里，新蝉两三声”，这是在长安怀念元稹；“一与故人别，再见新蝉鸣”，这是想起了刘禹锡。当然，朋友们也以诗回赠，如李绅就曾有《奉酬乐天立秋日有怀见寄》。遗憾的是，素心人只能遥相忆念，蝉声中白居易常常不得不独自登高遣怀：“独行独语曲江头，回马迟迟上乐游。萧飒凉风与衰鬓，谁教计会一时秋。”有时候，这位乐天居士也会乐天不起来，忍不住发发牢骚，如：“蝉迎节又换，雁送书未回。君位日宠重，我年日催颓。无因风月下，一共平生杯。”——自己一日日老去，只能眼睁睁看着李二十升官得志“忙”得连朋友的信都不回，相形之下，更添失意的惆怅。

有诗人悲秋，也有诗人有感于任上职责而心生恻隐。立秋后各种农作物生长旺盛，急需补充水分，故有“立秋三场雨，秕稻变成米”“立秋雨淋淋，遍地是黄金”之说。如立秋遇旱，地方官就要张罗求雨，苏轼就曾在杭州认认真真地履行过这份职责——北宋熙宁六年（1073）的立秋日，37岁的杭州通判苏轼奉知府之命带领周邠和徐畴两位县令求雨，夜宿灵隐寺，有诗为证：

▲ 清·黄山寿《枫林晚坐》

百重堆案掣身闲，
一叶秋声对榻眠。
床下雪霜侵户月，
枕中琴筑落阶泉。
崎岖世味尝应遍，
寂寞山栖老渐便。
惟有悯农心尚在，
起占云汉更茫然。

——《立秋日祷雨宿灵隐寺同周徐二令》

苏轼虽历尽坎坷，但并不颓唐消极，依然深怀悯农之心，这境界，与秋风一起即起莼鲈之思的文人们相比，可以说高出许多。

初秋当望夜，平楚带斜曛。
暑气能昏月，砧声不隔云。
华灯浮白水，老衲诵冥文。
漫说中元节，儒书惜未闻。
——元·仇远《中元》

中元河灯忆故人

农历七月是民间传说中的“鬼月”，在这冥界的孤魂野鬼游荡人间的月份里，最重要的节日自然莫过于七月半了。七月半即道教的中元节和佛教的盂兰盆节，民间则直截了当称之为“鬼节”。

中元的名称自然和上元（元宵）相对应，人们认为农历七月十五既是鬼的节日，也就该为鬼们张灯庆祝，只不过人为阳、鬼为阴，陆为阳、水为阴。所以，上元张灯是在陆地，中元张灯则在水中。

中元节也是佛教的“盂兰盆节”。“盂兰盆”是梵文的音译，即“解救倒悬之苦”的意思。传说释迦牟尼的十大弟子中有个叫目连的，又叫摩诃目犍连、目犍连等，号称“神通第一”。他惦记去世的父母，运用神通见到了地狱中的母亲刘氏，惊见母亲因生前罪孽颇重而在地狱受苦，连饭都吃不饱。他赶忙运用神力将食物送给母亲，可食物一到她嘴边就燃烧起来化为灰烬，他虽有法力却怎么也解救不了母亲，十分痛苦。释迦牟尼告诉他，必须联合众人的力量在七月十五供养十方僧人，其母方能得到救度。目连依佛祖之意行事，并遍游地狱，历尽艰险，寻母劝善，终于成功地使母亲得到解脱，最后一家超升团圆。

目连救母

后来，民间逐渐形成在农历七月十五供养饿鬼、超度亡魂的习俗，而目连救母的故事也成为绘画和各地方戏曲、曲艺的重要题材。其中，目连戏因为宣扬礼义仁孝、因果报应，提倡崇佛尊道敬儒，在旧时官方和民间的演出颇为繁盛。有些地方，比如绍兴，在大戏开场时或出现鬼角、祭祀亡魂情节的剧目时，都会选演一些固定的目连戏折子，尤其在中元节则照例是要演全本目连戏的。

有的地方传说目连戏的由来还和老百姓非常熟悉的那出老戏《打金枝》有关。唐代宗年间，升平公主与汾阳王郭子仪之子郭暧结婚后，喜欢摆公主架子，不仅不尊重丈夫，还咒骂公婆，搞得家庭不睦、四邻不和。为教育金枝，郭子仪在府宅后院建了一座酆都城宫殿，内设十八层地狱。冥宫造好之后，郭子仪扬言众人皆可看，唯独不让金枝看。金枝的脾气自然是越不让看越要看，有一天她偷偷打开宫门进去瞧瞧，不料大大受了惊吓，继而又联想到自己的诸多罪过，不由得胆战心惊、毛骨悚然，从此痛改前非。后人还据此编写了《目连救母》变文。这个故事自然是子虚乌有的，不过，目连戏和《打金枝》的主旨都是劝导为人子女者要既贤且孝，符合中元节和盂兰盆会的宗教意义。

在北方一些地区，民间流行农历七月十五由舅舅给外甥送活羊的习俗。据说这与沉香劈山救母的故事有关——沉香救出三圣母后要追杀虐待其母的舅舅二郎神。二郎神为重修兄妹之好和舅甥之谊，从此每年的这一天都要给沉香送一对活羊，据说这是取二郎神和沉香之母“杨”姓的谐音。后来，送活羊逐渐演变为送面做的羊。所以，农历七月十五又叫“送羊节”。这一民俗

的另一个说法是，母亲为出嫁的闺女用白面塑一双羊，蒸熟后在羊头上挂上红布条，然后送到姑爷家，由新姑爷动手切开面羊，并将切下的第一块用红绳拴挂在客厅中。这块“面羊肉”一直要等到第二年的农历七月十五送来新面羊时才能取下来，意思是“陈羊见新羊，年年有余粮”。姑爷切完羊后吃羊头，出嫁的闺女则吃羊脚，其他的分送男方长辈邻里，以表共享喜庆吉祥。

不难看出，七月半虽是鬼的节日，但参与的都是人，节庆的目的也是为了让人有好日子过。所以，七月半的热闹并不亚于元宵灯节，除了看目连大戏，人们还要放河灯。河灯往往做成莲座状，故又叫“荷花灯”。中元夜把灯放在水中任其漂浮，以度化落水鬼和其他孤魂野鬼。小孩子们在这一天往往被大人再三警告：“别一个人到水边去！”生怕孩子被鬼抓去做了替死鬼。

▲放荷花灯

现代女作家萧红在其代表作《呼兰河传》里就曾提到这个风俗：“七月十五是个鬼节。死了的冤魂怨鬼不得托生，缠绵在地狱里非常苦，想托生，又找不着路。这一天若是有个死鬼托着一盏河灯，就得托生。”不过，至迟在宋代时，这种宗教活动已基本演变为“嘉年华”式的狂欢，从娱鬼变成了娱人，“坊巷游人入夜喧，左连哈德右前门。绕城秋水河灯满，今夜中元似上元”，清初满族诗人文昭就在其《京师竹枝词》里这样描写当时北京百姓过中元节的盛况。

清康熙年间查慎行也有《京师中元词》云：“万柄红灯裹绿纱，亭亭轻盖受风斜。满城荷叶高钱价，不数中原洗手花。”另一清代诗人庞垲则在其《长

▲ 儿童戏耍荷花灯

安杂兴效竹枝体》诗中生动地叙述了中元之夜孩童持荷叶灯结伴游乐的情景："万树凉生霜气清，中元月上九衢明。小儿竞把青荷叶，万点银花散火城。"必须强调的是，这些河灯不管做得再精巧再可爱，第二天也是必须扔掉的，否则不吉利。林海音的公爹夏仁虎先生曾在其《旧京秋词》里记录这个风俗："小队儿童巷口邀，红衣蜡泪夜风摇。莲灯似我新诗稿，明日凭扔乐此宵。"诗后还作了说明："中元夕，里巷小儿成队持莲灯以嬉。齐歌曰：'莲花灯，莲花灯，今日点了明日扔。'"当代学者邓云乡先生有一年在北京回忆起儿时的中元节，填了一阕《念奴娇》，也提到了七月十六扔河灯的事儿："荷叶荷花灯儿好，惹得孩童歌叠。绛蜡焰轻，明朝扔了，故事凭谁说。"

七月半还有一项重要内容——放焰口，就是办佛事超度亡灵。放焰口的时候和尚要念念有词地招请亡魂，还要把染红的青铜钱和其他祭品撒向台下让围观者捡拾。放焰口都在黄昏或夜间进行，一般需要四个多小时才能完成，招请亡魂的文词颇长，且写得颇具文采："一心召请，金乌似箭，玉兔如梭，想骨肉以分离，睹音容而何在……一心召请，累朝帝主，历代侯王，九重殿阙高居，万里山河独据。西来战舰，千年王气俄收；北去銮舆，五国冤声未断。呜呼！杜鹃叫落桃花月，血染枝头恨正长。如是前王后伯之流，一类孤魂等众……"

缘缘堂主丰子恺先生也曾在晚年写过一篇《放焰口》，详细描述了他的家乡石门湾中元节放焰口的情景：

河岸上凉棚底下搭一个台，台上接连两张方桌，桌上供着香花灯烛，旁设椅子，是僧众的座位。每家用五彩纸张剪成衣衫鞋帽之形，用绳子穿好了挂在沿河的柱子上，准备佛事结束时焚化给鬼魂。河岸两旁，挂着无数灯笼，上写“普济孤魂”四字。琳琅满目，煞是好看！台前挂着一副对联。是我父亲撰的：

古曾为吴越战场，迄今蔓草荒烟，半是英雄埋骨地；

近复遭咸同发逆，记否昔年此日，正当兵火破家时。

春秋时代，我们那地方有一石门，是越防吴的，所以这地方叫做石门湾。又，这是光绪末年的事，所以称洪秀全为发逆。那时石门湾全市烧光，同抗日战争时差不多。

黄昏时分，法事开始了。老和尚戴着地藏王帽子，披着袈裟，坐在正中；两旁六个和尚各持法器。起初是鸣钟击鼓，念佛唪经。到了深夜，流星隐现，有如鬼火明灭；阴风飘忽，仿佛魂兮归来，就开始召请孤魂了。老和尚以悲紧之音，高声诵念，众僧属而和之。每念完一段，撒一把米，向孤魂施食。那些米落入暗处，仿佛有无数鬼魂争先抢夺，教人毛发竦然。所召请的孤魂，非常全面，自帝王将相以至囚徒乞丐，都得“来受甘露味”。那文词骈四俪六，优美动人，不知是谁作的。有人说是苏东坡所作，未可必也。

丰先生说，他很喜欢放焰口的文词，“读了这些文词，慨叹人生不论贵贱贫富，善恶贤愚，都免不了无常之恸。然亦不须忧恸……”淡淡数语，体现出老作家历尽人生风雨后的淡定从容与豁达。

中元节和七夕隔得很近，从卿卿我我的牛郎织女相会转到众鬼烦冤哭闹的七月半，人们往往容易伤感唏嘘，比如宋代钱塘诗人沈遘有一年七夕刚过就看到家人在为中元节做准备，心中感慨万千，诗以记之：

七夕星妃退，中元复又还。
踵来频令节，隙过惜朱颜。
雨水催盆草，香烟吐博山。
抱忧年亦迈，宽饮慰贫闲。

他感慨时光飞逝，朱颜不再，自己既老迈又贫穷，赋闲在家无所事事，不得已只好饮酒浇愁。那是不是会借酒浇愁愁更愁呢？这就不言而喻了。

料想在彼岸世界，沈诗人是有机会遇到后生小子丰子恺的，希望他俩能够在月下对坐，把臂言欢，饮酒畅谈。那当儿，子恺先生或许会这样劝说沈前辈吧：古来圣贤皆寂寞，老迈贫困亦何妨？

疾风驱急雨，残暑扫除空。
因识炎凉态，都来顷刻中。
纸窗嫌有隙，纨扇笑无功。
儿读秋声赋，令人忆醉翁。
——元·仇远《处暑后风雨》

处暑到，暑气止

元吴澄《月令七十二候集解》有言：“处，止也，暑气至此而止矣。”每年8月23日或24日为处暑，暑气将结束，气温由炎热向凉爽过渡。我国古代将处暑分为三候：“一候鹰乃祭鸟，二候天地始肃，三候禾乃登。”在这段时间里，鹰开始大量捕猎鸟类，万物逐渐凋零，但也到了农作物成熟的时候。处暑后，秋意渐浓，正是人们携亲朋好友畅游郊野、迎秋赏景的好时节。

处暑到，暑气止，舒朗的天气仿佛也感染了天空中的云彩，云卷云舒早已不是炎夏暑天时浓云成块的模样，每一种姿态都给人以无限的遐想，故而民间素有“七月八月看巧云”之说，当然，其中亦不乏出游迎秋的邀请。

虽说处暑时节已是秋天，暑气渐退，但还会出现“秋老虎”，天气还会很热。有谚语说：“处暑天还暑，好似秋老虎。”所谓“秋老虎”乃民间俗语，指立秋以后晴朗少云，强烈的日照不亚于盛夏，仿佛是暑热的延续，令人倍感焦灼。另外，每年“秋老虎”停留的时间也有长有短，短则半月，长则两月，有时，“秋老虎”还会去而复返。

还有一些谚语则反映出了不同地区对于处暑时节下雨截然不同的态度，例如河南鹿邑一带素有“处暑若逢天下雨，纵然结实也难留”的谚语，可见当地人忌讳处暑下雨。但到了江苏地区，情况就大不一样了，农谚云“处暑若还天不雨，纵然结实也无收”，足见人们对于雨水的期待。这可真真是难坏了龙王爷，好人难做，这雨究竟是下，还是不下呢？

对于沿海的渔民而言，无论是否下雨，处暑以后都是渔业的丰产期，故而每年处暑期间，浙江沿海一带都要举行盛大隆重的开渔节，以此结束东海的休渔期，带着对收获的憧憬与期待，欢送渔民开船出海。

盛夏刚过，暑气未散，人们喜欢选择老鸭等味甘性凉的食物，我国民间就有处暑吃鸭子的传统，有百合鸭、柠檬鸭、子姜鸭、荷叶鸭、核桃鸭、白切鸭、烤鸭等，连配料也是百合、荷叶等著名的消暑食材。同时，还要吃蜂蜜、鸭梨等食物，以滋阴润肺、生津清肠，还应早睡早起，抵御“秋乏”和“秋燥”。

▲ 宋·楼俦《耕织图》(收刈)

处暑是炎暑的结束，金秋的开始，气温昼暖夜凉。农作物白天吸收的养分在晚上贮存，十分有利于其体内物质的制造和积累。这个时期，高粱、玉米、胡麻、棉花、黍子、芝麻、红枣和南瓜相继成熟，故云“处暑满地黄，家家修粮仓”——丰收的果实要割、打、晒、收、存，够农夫们忙活的了。大

地也由葱翠浓郁的绿色变成沉甸甸的金黄，煞是喜人。此外，处暑时节有很多瓜果成熟，是人们的口福之季。比如江苏宜兴、安徽广德等地产一种栗子，一般在处暑成熟，故名处暑红。它果大肉细，又香又甜，外形也美观，很适合做栗子鸡块一类的家常菜式。

为了庆祝这个丰收的季节，一般在立秋后的第五个戊日或秋分前举行“秋社”活动，报答农神一年来的功德。这种活动起源很早，每到社日，人们要祭祀农神及先祖，全村寨会聚庆丰收。孟元老的《东京梦华录·秋社》载：“八月秋社，各以社酒相赍送，贵戚宫院以猪羊肉、腰子、肚肺、鸭饼、瓜姜之属，且作棋子样片，滋味调和铺于饭上，谓之社饭，请客供养。”民间有些地区还搭起戏台，请戏班子唱大戏；有的村镇白天敲锣打鼓绕村游行，晚上品尝新收获的瓜果蔬菜以庆祝，表达自己的喜悦之情。

“处”是上声，有躲藏、终结的意思，故而处暑的来临便意味着窒闷的炎夏正在悄然远去。“离离暑云散，袅袅凉风起。池上秋又来，荷花半成子。”暑气消散，莲蓬结子，白居易的《早秋曲江感怀》描写的就是这时节的天气。“尘世未徂暑，山中今授衣。露蝉声渐咽，秋日景初微。四海犹多垒，余生久息机。漂流空老大，万事与心违。”宋人张嵲在处暑日深刻感受到的则是山里山外的温差和世态炎凉。而元代的杭州诗人仇远则这样描写处暑后的风雨：“疾风驱急雨，残暑扫除空。因识炎凉态，都来顷刻中。纸窗嫌有隙，纨扇笑无功。儿读秋声赋，令人忆醉翁。”——秋扇见捐，秋虫唧唧，秋声入耳，窗下孩儿，意态悠闲，倒让我想起了郁达夫在其名篇《故都的秋》里也有这么一段趣致不俗的文字：

北方的果树，到秋来，也是一种奇景。第一是枣子树；屋角，墙头，茅房边上，灶房门口，它都会一株株地长大起来。像橄榄又像鸽蛋似的这枣子颗儿，在小椭圆形的细叶中间，显出淡绿微黄的颜色的时候，正是秋的全盛时期；等枣树叶落，枣子红完，西北风就要起来了，北方便是尘沙灰土的世界，只有这枣子、柿子、葡萄，成熟到八九分的七八月之交，是北国的清秋的佳日，是一年之中最好也没有的Golden Days。

是啊，“七月枣，八月梨，九月柿子红了皮”，这就是北方日渐浓郁的秋情、秋韵和秋意了，难怪惹得才子郁达夫心心念念放之不下，不远千里地赶去饱尝。而用陆游的话来说，就是“四时俱可喜，最好新秋时。柴门傍野水，邻叟闲相期”。

宋·林椿《葡萄草虫图》

白露团甘子，清晨散马蹄。
圃开连石树，船渡入江溪。
凭几看鱼乐，回鞭急鸟栖。
渐知秋实美，幽径恐多蹊。

——唐·杜甫《白露》

白露 露从今夜白

每年的9月7日或8日是九月的第一个节气——白露。《月令七十二候集解》中说：“阴气渐重，露凝而白也。”天气渐转凉，在清晨时分地面和叶子上会有许多露珠，这是因夜晚水汽凝结在上面，所以得名。古人以四时配五行，秋属金，金色白，故以白形容秋露。白露实际上是表征天气已经转凉。

古时将白露分为三候：“一候鸿雁来，二候玄鸟归，三候群鸟养羞。”说的是此时大雁等候鸟南飞避寒，燕子在这个时节归来，而其余百鸟则储备食物准备过冬了。正所谓凉风至、白露降、寒蝉鸣，晶莹剔透的露水静悄悄地告诉人们，秋天真正到来了。“清风吹枕席，白露湿衣裳。好是相亲夜，漏迟天气凉。”白居易这首清丽晓畅的《凉夜有怀》告诉我们白露节气的特点：天气转凉，夜间草木上出现露水。清晨早起，人们可以看到凝在花瓣和树叶上的露珠晶莹剔透，花叶和水露相互映衬，美得让人怜惜。

俗话说“白露秋分夜，一夜冷一夜”“喝了白露水，蚊子闭了嘴”。这时，炎夏已逝，暑气渐消，讨厌的蚊子也渐渐销声匿迹，大部分地区天高气爽，云淡风轻，气候宜人。白露是收获的季节，也是播种的季节——东北开

▲ 清·吴求《豳风图·八月剥枣》

始收获谷子、大豆和高粱，华北也开始秋收，而大江南北的棉花正在吐絮，进入全面分批采收的季节；西北、东北的冬小麦开始播种，华北也将秋播，而黄淮、江淮及以南地区的单季晚稻则已扬花灌浆，双季双晚稻即将抽穗。产茶区正在采制秋茶，而喜欢吃枣和核桃的人们正可以大快朵颐——农谚云“白露打枣，秋分卸梨”“白露打核桃，霜降摘柿子”。新鲜的红枣和核桃香甜了无数孩子的梦境，也红润了许多姑娘的笑颜。

白露时节，虽然白天还很热，但昼夜温差开始加大，所以和由冬入春时的捂一捂相反，入秋时要略冻一冻。当然，也不能冻过了头。此外，气候日渐干燥，除了防冻，也不可对秋燥掉以轻心。

俗话说：“处暑十八盆，白露勿露身。”指的就是处暑时仍很热，每天必须洗澡，但约十八天后到了白露，赤裸身体就会着凉了。同时，要多喝水，多吃梨、山竹等凉性水果，此外增加对芝麻、蜂蜜、莲子、百合、乌梅等润燥食物的摄入，可以益胃养肺、生津止燥。

白露时节的养生叫补露。在福州，白露日必吃龙眼，因为人们认为在这一天吃一颗龙眼的效果相当于吃一只鸡——白露前的龙眼个大核小，甜度高口感好，确实不妨多吃。在温州，白露这一天要采集白木槿、白毛苦菜等多种带“白”字的草药，与白毛乌骨鸡同煨，据说特别滋补。而在瓯江口外的洞头岛，则照例要吃鲜鳗鱼熬白萝卜，因为过去的洞头渔场在立秋过后就开始钓捕鳗鱼。到了白露，鳗鱼已渐肥厚，渔谚有“桂花海蜇白露鳗”一说。鳗鱼营养丰富，而白萝卜有“消谷和中，去邪热气”的作用，二者同煮，相得益彰。如果家中有患哮喘、爱尿床的孩子，到了白露这一天，大人会宰杀鸡或鸭，煮熟后盛入碗中，让这个孩子端到一个岔路口去吃。吃完后，把空碗放在一条路上，而孩子则从另一条路回家，过后大人再去收回碗筷。据说，因为白露的“露”和“路”同音，疾病借着白露日从另一岔路远离孩子而去了。虽不知洞头的这一习俗始于何时，但患哮喘、爱尿床的孩子大多体质较弱，白露后昼夜温差大，吃鸡鸭对他们自然是有滋补作用的。

而对于喜欢喝茶的老南京人来说，这时候该买白露茶了。他们认为，它既不像春茶那样鲜嫩而不经泡，也不像夏茶那样干涩味苦，何况春茶喝得差不多了，白露茶正好接上。

白露这天，人们还要收集露水来酿制米酒。据说在这一天酿造的“白露米酒”不仅色泽通透且滋味醇美，日久弥香。埋藏十数载的酒呈褐红色，清香扑鼻且后劲颇强，可令人醉行千里而不醒，且酒温中含热，有利于寒气的散发。除此之外，白露也是太湖人祭“水路菩萨”大禹的日子，大禹就是传说中的治水英雄。每年的正月初八、清明、七月初七和白露，太湖人都要举行祭禹王的香会，其中又以清明、白露两祭的规模最大，皆为时一周。同时，他们还祭土地神、花神、蚕花姑娘、门神、宅神、姜太公等。在此期间必演一出寄托了人们对美好生活的祈盼的戏，那就是《打渔杀家》。

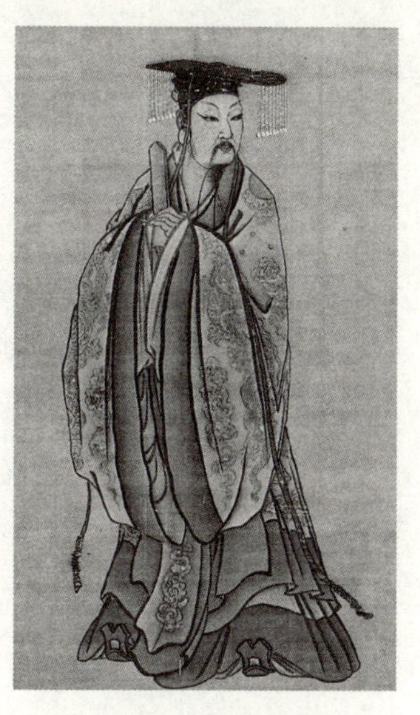

▲ 宋·马麟《夏禹王像》

“蒹葭苍苍，白露为霜。所谓伊人，在水一方。”露珠很纯很美很女性，惹人怜爱，于是“露”从《诗经》开始就常常出现在著名的爱情故事里，“露”这个字也成了很常用的女性人名用字。在王实甫的杂剧《西厢记》里，崔莺莺在红娘护送下去西厢与张生幽期密约的途中，红娘要唱一支【驻马听】：“不近喧哗，嫩绿池溏藏睡鸭；自然幽雅，淡黄杨柳带栖鸦。金莲蹴损牡丹芽，玉簪抓住荼蘼架。夜凉苔径滑，露珠儿湿透了凌波袜。”矜持端庄的深闺小姐鼓足勇气去赴高唐之约，在静谧清幽的月色下她蹑足潜行，竟顾不得露珠儿湿透了凌波袜。这情景，和李后主笔下“划袜步香阶，手提金缕鞋”的小周后，何其相似乃尔！

可惜，美丽的朝露转瞬即逝，美丽的爱情也往往和圆满无缘。由唐代元稹创作的传奇小说《莺莺传》的结局与《西厢记》的美好圆满不同，莺莺在长亭送别张生之后，痴情的苦苦等待换来的只是张生的始乱终弃；妹继姐嫁的小周后在李煜降宋后受尽凌辱，曾经贵为国主的丈夫只会写“春花秋月何时了，往事知多少”，却无力保护自己心爱的女人。在曹禺先生的《日出》里，美丽而薄命的女主人公原名“竹筠”，青翠秀美，有着蓬勃的生命力。但做了交际花的她改名“白露”，内心虽依然美丽纯洁，但却像露珠一样，随着黑夜沉沦，再也见不到旭日东升……

转瞬即逝的朝露自古以来常常引起哲人的思考，成为哲学和文学中常见的意象。比如，佛家的《金刚经》中有著名的“六如偈”：“一切有为法，如梦幻泡影，如露亦如电，应作如是观。”而横槊赋诗的曹操在人生的暮年回望所来之路，不禁发出了这样的悲慨：“对酒当歌，人生几何？譬如朝露，去日苦多。慨当以慷，忧思难忘。何以解忧？唯有杜康。”而最耳熟能详的，大概是汉代无名氏的《长歌行》了：“青青园中葵，朝露待日晞。阳春布德泽，万物生光辉。常恐秋节至，焜黄华叶衰。百川东到海，何时复西归。少壮不努力，老大徒伤悲。”

中庭地白树栖鸦，
冷露无声湿桂花。
今夜月明人尽望，
不知秋思落谁家。
——唐·王建《十五夜望月》

但愿人长久，千里共婵娟

每年的农历八月十五就是传统的中秋佳节了。根据我国古代历法，一年有四季，每季三个月，分别被称为孟月、仲月、季月，因而秋季第二个月即八月被称为“仲秋”，而农历八月十五日又在“仲秋”之中，所以称“中秋”；而中秋的月亮较之其他日子都更加饱满、圆润而又敞亮，所以中秋节又被称为“月夕”。“中秋”一词，最早见于《周礼》，可到唐朝初年，中秋节才成为固定的节日。

在我国很多地方都有在中秋节的晚上给没有子女的人家“送子”的习俗。送子的人自己必须已为人父母。他们从别人的瓜园中偷一只大冬瓜，在瓜上画上娃娃的面目，再用一节五寸长的小竹管插入冬瓜腹内，顺着竹管往里灌水，直到灌满为止。然后悄悄地将这只冬瓜藏到未生育的妇女的被窝中，等她回房睡觉时用手一拉被子，那冬瓜娃娃里的水便顺着竹管流了出来，就像小孩尿床一样。这自然是要她模拟体验一下为人母的感觉，就是被子湿了、床脏了，也绝不会着恼。如果第二年她真的生了儿女，那就要让孩子拜送瓜人做干爹、干妈。类似的习俗，在福建建宁，是中秋节挂灯以向月宫求子的做法。

▲ 嫦娥奔月

中秋的主角自然是月亮。我国自古就有祭拜月神的习俗。相传古代齐国丑女无盐，幼年时曾祭拜月神，长大后因高尚的品德而被召入宫中却始终未得宠幸。某年农历八月十五，正在赏月的天子邂逅了静谧月光下皎洁宁静的她，被她淡然、清逸的气质所吸引，遂封其为后。中秋拜月的习俗便由此而来。月中嫦娥，以美貌著称，故少女拜月，也有“貌似嫦娥，面如皓月”的祈愿。

夕月时往往要设大香案，并摆上月饼、西瓜、苹果、红枣、李子、葡萄等祭品。夜色中，向着月亮的方向，众人在红烛的映衬下一起拜祭月亮。随后再将团圆月饼按照家里的人数切成等份，无论是陪伴在侧的家人，抑或是旅居他乡的游子，都要算在其中。

毫无疑问，春花秋月是人们心目中的人间美景之最。可惜，能否看到又大又圆代表美满象征幸福的月亮，还得看老天爷的脸色。不过，假如天公不作美也不必失望，因为我们还有很多事情可做，比如每个佳节少不了的美食——月饼。民谣道：

八月十五月儿圆，西瓜月饼敬老天。
敬得老天心喜欢，一年四季保平安。

《西湖游览志余》中说：“八月十五谓中秋，民间以月饼相送，取团圆之意。”中秋节月亮圆满，象征团圆，因而又叫“团圆节”。月饼最初是用来祭奉月神的祭品，后来人们逐渐把中秋赏月与品尝月饼作为家人团圆的一大象征，慢慢的，月饼也就成为了节日的必备礼品。

传说，原名“胡饼”的月饼之所以有了现在这样美妙的名字，乃杨贵妃中秋之夜赏月时所赐。据说，有一年中秋之夜，唐玄宗和杨贵妃赏月吃胡饼时，唐玄宗嫌“胡饼”名字不好听，杨贵妃仰望皎洁的明月，心潮澎湃，随口而出“月饼”，从此“月饼”的名称便在民间逐渐流传开。在中国人心目中，没有月饼的中秋自然是不成为中秋的。所以，不管是苏式还是广式，火腿、莲蓉还是五仁，抑或是如今花样翻新的冰激凌、乳酪或者茶叶月饼，还有最家常也最受欢迎的现烤月饼，中秋前若干时日就热闹隆重地登场，直到八月十六骤然销声匿迹，足见它其实已远不是一种可以果腹的食物，而是中国人的集体乡愁。

中秋除了要吃月饼，还有很多以月为名的佳肴，比如在新疆伊犁地区有一道名菜叫“月映蛟龙”，就是海马炖鸡蛋，据说是清代名臣左宗棠命的名，而宋朝开国皇帝赵匡胤则欣赏一道名为“皎月香鸡”的菜。曲阜孔府菜中有一道汤叫“乌云托月”，就是把鸽子蛋放在紫菜上，然后兑入新鲜可口的清汤，使紫菜、鸽蛋漂浮起来犹如乌云托月。西安清雅斋的清真名菜“乌龙赏月”则以海参和鸡肉为主料，造型雅致，鲜香味醇。沈阳名菜“群虾望月”是将鸡蛋皮用碗扣成圆月状置于盘中，然后将烤红的大虾摆在四周，如众星拱月。云南名菜“洱海映月”构思奇巧，一泓碧水上飘着彩云，云中还有一轮

▲ 清·陈枚《月曼清游图·琼台赏月》

圆月——“碧水”是菜汁，“彩云”乃肉和蛋白，“圆月”则是蛋黄。

南京人中秋节必食的金陵名菜是桂花鸭，在这个桂子飘香的时节里，一道肥而不腻、鲜香味美的桂花鸭可谓是应景之作，若酒后再添上一道小糖芋头，淋上些许桂浆，真可谓是妙不可言了。“桂浆”又叫做糖桂花，每年中秋采摘桂花，以糖与酸梅腌制而成。屈原《楚辞·九歌》曰“援北方闭兮酌桂浆”，桂浆便得名于此。生在江南的女子，不仅有一双巧手且心思细腻精致，竟将诗人咏叹的事物变作了餐桌上的美味佳肴，真可谓心灵手巧。

除了美食，中秋还有好戏可看，著名的应节戏有梅派京剧《嫦娥奔月》与《贵妃醉酒》，还有越剧《汉宫怨》、沪剧《八月中秋》和淮剧《母与子》等等。“海岛冰轮初转腾，见玉兔、玉兔又早东升，那冰轮离海岛，乾坤分外明，皓月当空，恰便似嫦娥离月宫。”每当雍容华贵仪态万方的杨贵妃唱起这段脍炙人口的四平调，许多戏迷都会陶醉。

“轮时盼节想中秋，人到中秋不自由。奴命不中孤月照，残生今夜雨中休。”红氍毹上，相思日深，即将为梦中的柳梦梅付出青春和生命的杜丽娘开轩望月，幽幽唱道：“海天悠、问冰蟾何处涌？玉杵秋空，凭谁窃药把嫦娥奉？甚西风，吹梦无踪！人去难逢，须不是神挑鬼弄。在眉峰，心坎里别是一般疼痛。”唱得台下人也“心坎里别是一般疼痛”。这是《牡丹亭》第二十出《闹殇》里的经典唱段，在昆曲演出本里则称《离魂》——窃以为，这“离魂”二字，的确生动传神，抓住了这段戏的“魂”。

“海上生明月，天涯共此时。情人怨遥夜，竟夕起相思。”中秋夜，皓月当空，最能勾起文人墨客的多愁善感之绪，因而历来吟咏中秋的诗词也就特别丰富。

玉颗珊珊下月轮，殿前拾得露华新。
至今不会天中事，应是嫦娥掷与人。

——唐·皮日休《天竺寺八月十五日夜桂子》

中庭地白树栖鸦，冷露无声湿桂花。
今夜月明人尽望，不知秋思落谁家。

——唐·王建《十五夜望月》

天将今夜月，一遍洗寰瀛。
暑退九霄净，秋澄万景清。
星辰让光彩，风露发晶英。
能变人间世，攸然是玉京。

——唐·刘禹锡《八月十五夜玩月》

目穷淮海满如银，万道虹光育蚌珍。
天上若无修月户，桂枝撑损向西轮。

——宋·米芾《中秋登楼望月》

最有名的便是苏轼的《水调歌头》：

明月几时有？把酒问青天。不知天上宫阙，今夕是何年？我欲乘风归去，又恐琼楼玉宇，高处不胜寒！起舞弄清影，何似在人间？

转朱阁，低绮户，照无眠。不应有恨，何事长向别时圆？人有悲欢离合，月有阴晴圆缺，此事古难全。但愿人长久，千里共婵娟。

女作家中喜以中秋为题的不在少数，如宋代李清照咏月怀人的绝唱《一剪梅》：

红藕香残玉簟秋。轻解罗裳，独上兰舟。云中谁寄锦书来？雁字回时，月满西楼。

花自飘零水自流。一种相思，两处闲愁。此情无计可消除，才下眉头，却上心头。

▲ 清·丁观鹏《赏月》

还有明代杭州有位著名的才女叫梁孟昭，她是诗人，也是剧作家。有一年她人在异乡，节到中秋思乡情切，情不自禁提笔写道："钱塘在哪厢，何方是故乡？空叫泪眼成凝望。"一个"凝"字衬着清朗的月光，活画出她不眠的乡愁，读来令人黯然神伤。

梁孟昭不知道数百年后，有一位北国才女的中秋记忆比她更为凄凉——她是萧红，穷困潦倒，卧病无聊。她的三郎萧军叫她："起来吧，悄悄，我们到朋友家吃月饼去。"他的声音使她心酸，她知道今晚连买米的钱都没有。于是，就跟他去朋友家吃了月饼，醉得晕乎乎的，归去，睡在清凉的夜里。这番景况，三年后都如在目前，于是，便有了萧红的《中秋节》。

返照斜初彻，浮云薄未归。
江虹明远饮，峡雨落余飞。
凫雁终高去，熊罴觉自肥。
秋分客尚在，竹露夕微微。

——唐·杜甫《晚晴》

一场秋雨一场寒

每年的9月22日或23日，太阳到达黄经180°时，进入“秋分”节气。“秋分”与“春分”一样，都是古人最早确立的节气。按《春秋繁露·阴阳出入上下篇》云：“秋分者，阴阳相伴也，故昼夜均而寒暑平。”秋分，恰好处于立秋和立冬之间，有着平分秋季的含义。秋分是二十四节气中的第十六个节气。秋分的三候为：“一候雷始收声，二候蛰虫坯户，三候水始涸。”秋分之后，北半球的夜晚越来越长，很难再见到雷暴天气，而降水量的明显减少使得有些河流水位下降甚至断流。冬眠的昆虫开始筑巢挖洞，准备蛰伏，爱听秋虫唧唧的人们如不抓紧机会，就只有等待来年再聆听了。

“秋光几一增，在候已无雷。显气凝为露，嘉禾秀出胎。燕衔余暑去，虫唤嫩寒来。泡影非能久，流光又苦催。”宋代诗僧文珦的这首《秋分前三日偶成》很形象地写出了秋分时节的景象和感触。尤其颈联的对句“虫唤嫩寒来”，一个“唤”字动感强烈，又着一“嫩”字，乍寒还暖暑未尽消的景况跃然纸上，煞是生动。

这时的温度和热量条件已经不能满足农作物的生长需求，故农谚云“秋分无生田，不熟也得割”“秋分收稻，寒露烧草”。江南水乡的稻谷正是收割时节，人们可以尝尝新米饭的清香了。秋季降温快的特点使秋收、秋耕、秋种的“三秋”大忙显得格外紧张。据考证，我国很早就以“秋分”作为耕种的标志了。汉末崔寔在《四民月令》中写道：“凡种大小麦，得白露节可种薄田，秋分种中田，后十日种美田。”因此，秋分不仅是收获的季节，也是秋耕秋种的节令，比如黄河中下游这时节就忙于冬小麦的播种。

类似于春分时“送春牛”和“迎春”的习俗。每年秋分，一些地方要挨家挨户送秋牛图——在红纸或黄纸上印上二十四节气及农夫耕田的图样，由能言擅唱的“秋官”挨门逐户地说吉祥话。内容大多不违农时，与秋耕相关，且往往声韵灵动。若是主人们听得高兴了便给些赏钱，讨个好彩头，也期待着来年的五谷丰登。

秋分后要想防止凉燥，就得坚持锻炼身体。秋季锻炼，重在益肺润燥，如练吐纳功、叩齿咽津润燥功。饮食调理方面，应多喝水，吃些清润的食物。芝麻、核桃、百合、蜂蜜、银耳、梨等都可以起到滋阴润肺、养阴生津的作用。秋季，菊香蟹肥，正是人们品尝螃蟹的最好时光。但是螃蟹是大寒之物，也不应多吃。葱、姜等辛味之品也要尽量少食。

▲ 现代·齐白石《菊蟹图》

在广东民间，秋日里最多的要数润养的汤水，此时正好大有所用。如青萝卜陈皮鸭汤、玉竹百合猪瘦肉汤、木瓜粟米花生鱼汤、沙田柚花猪肝汤、无花果白鲫汤、霸王花蜜枣猪月展汤等都是家庭养生之佳品。在岭南地区则有“秋分吃秋菜”的习俗，所谓“秋菜”其实就是野苋菜，农人称之为“秋碧蒿”，是一个和秋天一样朗润清澈的名字。每逢秋分，当地人都要去田间寻那嫩生生、绿油油，巴掌长短的秋菜，回家后同鱼片一道下锅“滚汤”，名曰“秋汤”。俗语云：“秋汤灌脏，洗涤肝肠。阖家老少，平安健康。”为了摆脱秋乏，最好早睡早起，顺应“秋冬养阴”的原则，使人体尽快适应季节变化，保持充沛的精力。

正所谓一场秋雨一场寒，巴山夜雨涨秋池。秋分的天气很重要，以秋分日的晴雨为依据预测后期天气的谚语就有不少：

秋分天晴必久旱。

秋分日晴，万物不生。

秋分有雨来年丰。

据史书记载，早在周朝，古代帝王就有春分祭日、夏至祭地、秋分祭月、冬至祭天的习俗。其祭祀的场所称为日坛、地坛、月坛、天坛，分设在东南西北四个方向。北京的月坛就是明清皇帝祭月的地方。古代人们是在秋分这天晚上祭月的，后来才改在离中秋最近的望日，即农历八月十五祭月，然后逐渐演变为传统节日里最重要的“三节”之一的中秋节。《礼记》载：“天子春朝日，秋夕月。朝日之朝，夕月之夕。”这里的夕月之夕，指的正是夜晚祭祀月亮。这种风俗不仅为宫廷及上层贵族所奉行，随着社会的变迁，也逐渐蔓延到了民间，并因地域环境的差别而衍生出了更为丰富的节日活动。

▲ 清·吴友如《愿月常圆》

专为皇家祭月而建造的北京月坛建于明嘉靖年间。此外，北京祭月还有一个特别的现象，就是“惟供月时，男子多不叩拜”，和民谚“男不拜月”说的是同一个意思。古时有男尊女卑的思想，男子不能给女子下跪，而月亮属阴，故而男不拜月。

自古以来，描写朗月秋风的诗句不在少数，其中亦不乏俊朗、飘逸的清雅之作。唐人贾岛诗云：“漏钟仍夜浅，时节欲秋分。泉聒栖松鹤，风除翳月云。踏苔行引兴，枕石卧论文。即此寻常静，来多只是君。”诗歌抒发了作者与朋友月下步苍苔，枕石细论文的清雅。宋代江西派诗人谢逸《点绛唇》词云：“金气秋分，风清露冷秋期半。凉蟾光满，桂子飘香远。”写的则是清秋时节人们玩月赏桂的喜乐心情。

“自古逢秋多寂寥”，秋叶纷飞秋气肃杀，秋分时节文人墨客的笔下往往多的是凄凉感伤。清初女诗人柴静仪在某年秋分日的黄昏想起了羁旅行役的儿子沈用济，希望爱子早日踏上归途，别等到大雪纷飞才动归思：“遇节思吾子，吟诗对夕曛。燕将明日去，秋向此时分。逆旅空弹铗，生涯只卖文。归帆宜早挂，莫待雪纷纷。”柴静仪是杭州闺秀，著名的女性诗社蕉园诗社的重要成员。她青年守寡抚孤成长，个中艰辛酸苦自不必为外人道。沈用济是著名剧作家洪昇的弟子，和老师一样命途多舛，白衣终老。他游迹半天下，令母亲柴静仪和妻子朱柔则倚闾盼归，望穿秋水，婆吟忆儿勖子之诗，媳写寄远思夫之句，上面这首《秋分日忆用济》就是其中之一。

《红楼梦》第四十五回《金兰契互剖金兰语　风雨夕闷制风雨词》说林黛玉每年春分秋分之后必犯咳疾，一日黄昏，雨滴竹梢更觉凄凉，就写了一首《秋窗风雨夕》：

秋花惨淡秋草黄，耿耿秋灯秋夜长。
已觉秋窗秋不尽，那堪风雨助凄凉！
助秋风雨来何速？惊破秋窗秋梦绿。
抱得秋情不忍眠，自向秋屏移泪烛。
泪烛摇摇爇短檠，牵愁照恨动离情。
谁家秋院无风入？何处秋窗无雨声？
罗衾不奈秋风力，残漏声催秋雨急。
连宵脉脉复飕飕，灯前似伴离人泣。
寒烟小院转萧条，疏竹虚窗时滴沥。
不知风雨几时休，已教泪洒窗纱湿。

诗共二十句，却有十五个“秋”字，可见此时的黛玉心头秋深入骨、了无春意，已经不是那个在第二十七回葬花时还相信天尽头有香丘的黛玉了。

▲ 清·费丹旭《黛玉葬花》

空庭得秋长漫漫，
寒露入暮愁衣单。
喧喧人语已成市，
白日未到扶桑间。
永怀所好却成梦，
玉色仿佛开心颜。
逆知后应不复隔，
谈笑明月相与闲。

——宋·王安石《八月十九日试院梦冲卿》

霜重柿红秋意浓

每年10月8日前后，时令交寒露。“露气寒冷，将凝结也。”和一个月前的白露节相比，这时露水多了，气温低了，有出现冻露的可能，故称寒露。

古时将寒露分为三候：“一候鸿雁来宾，二候雀入大水为蛤，三候菊有黄华。”寒露时节鸿雁南飞；而随着天气日渐转凉，大自然中再难见到雀鸟，海边却出现了不少与雀鸟条纹、颜色相仿的贝壳，“雀入大水为蛤”说的就是古人认为此时的蛤都是雀鸟幻化而来；而此时，菊花开始怒放出金黄的花朵争奇斗艳。

▲ 清·马家桐《秋菊图》

农谚云：

过了寒露，秋粮入库。
寒露至霜降，种麦莫商量。
寒露时节天渐寒，农夫天天不停闲。

这个时节，秋收和秋播都到了最后关头，不仅秋粮和棉花、大豆要抓紧收割，冬小麦也要及时播种，即所谓“寒露不摘棉，霜打莫怨天”“晚种一天，少收一担”。而“寒露到立冬，翻地冻死虫”，说的就是秋收以后还要深翻土地，为下一轮的丰收做准备。

“秋花惨淡秋草黄，耿耿秋灯秋夜长。已是秋窗秋不尽，那堪风雨助凄凉！”寒露凝霜，秋意渐浓，不光多愁善感的林黛玉有感而发，文人们更免不了宋玉悲秋。白居易的《池上》实写寥落的秋景：“袅袅凉风动，凄凄寒露零。兰衰花始白，荷破叶犹青”，不免让人想起李商隐的“留得残荷听雨声”。孟郊在送别朋友时，见秋意阑珊，也情不自禁地动了归心：“客程殊未已，岁华忽然微。秋桐故叶下，寒露新雁飞。远游起重恨，送人念先归。”而另一唐人陈季卿在秋风瑟瑟中恋恋不舍地别妻离家，哀哀吟道：“月斜寒露白，此夕去留心。酒至添愁饮，诗成和泪吟。离歌栖凤管，别鹤怨瑶琴。明夜相思处，秋风吹半衾。”

南宋嘉定二年（1209），陆放翁胸膈患疾，从立秋病到近寒露，身体才基本恢复。为此，他写了一组题为《嘉定己巳立秋得膈上疾近寒露乃小愈》的绝句，诗云：“粥香可爱贫方觉，睡味无穷老始知。”又云：“一枕鸟声残晓梦，半窗竹影弄新晴。屏深室暖秋垂老，粥美蔬香疾渐平。”可见，这位大诗人的病，是靠喝粥吃素和充分的休息慢慢调养痊愈的——众所周知，米粥可以健脾胃、补中气，又惠而不费，是秋季中老年人和慢性病患者的上佳食品。

“寒露柿红皮，摘下去赶集。”寒露时节最典型的水果是柿子，还有山楂和石榴，它们或紫或红的果实无不鲜艳饱满，丰美诱人，加上漫山遍野的红叶和千姿百态的菊花，给萧飒的秋天染上一抹抹璀璨的光华。不过，怀才不遇的文人往往只见秋的凋零，不见秋的壮硕。比如鬼才李贺《感讽》：“晓菊泫寒露，似悲团扇风。秋凉经汉殿，班子泣衰红。本无辞辇意，岂见入空

◀ 宋·朱绍宗《菊丛飞蝶图》

宫。腰衱佩珠断，灰蝶生阴松。”而另一唐人李郢羁旅客途，起早赶路，但见“野店星河在，行人道路长”，不由得感慨“草色多寒露，虫声似故乡。清秋无限恨，残菊过重阳”。——秋虫唧唧，天籁胜诗，乃人间极致之美，只是懂得欣赏的素心人并不甚众。

过了寒露，紧接着的节气就是霜降了。“气肃而凝，露结为霜矣。”霜降表示天气逐渐变冷，露水凝结成霜。霜降是秋季的最后一个节气，是秋季到冬季的过渡节气，为每年的10月23日或24日。古时人们将霜降分为三候：“一候豺乃祭兽，二候草木黄落，三候蛰虫咸俯。”每当这个时节，豺狼这类动物要为过冬储备食物，树叶逐渐枯黄凋零，蛰居的虫子在洞穴中不食不动，静静地等待冬眠开始。

这时节，我国黄河中下游地区出现初霜，蛇虫蛰伏冬眠，草木黄落，万物萧疏，一派深秋景象。而东北地区的初霜期自然早于黄河流域，长江以南地区的初霜期则晚于黄河中下游地区。显然，霜降是一个地域特征特别明显的节气。白露、寒露、霜降，这三个节气反映气温逐渐下降的过程，先是温度降低水汽凝结成露，然后寒意更重露水更多，最后露结为霜。秋风扫落叶，霜重秋意浓，勤快的主妇早已准备好全家的御寒衣物，而著名的孟姜女给丈夫送寒衣的故事，就差不多发生在这个时节。

霜降预示着肃杀内敛的冬已不远。虽然风刀霜剑让敏感羸弱的林妹妹经受不起，但霜打过的一些蔬果却端的美味，如霜降后的葡萄特别甜，青菜、菠菜也都带着淡淡的清甜，是堪称极品亦极大众的上佳食材。只不过那歇后语里霜打的蔫茄子是不宜多吃了。

在很多地方，还有霜降吃柿子的习俗，泉州地区素有“霜降吃丁柿，不会流鼻涕”的说法，人们认为在霜降时节成熟的柿子，既能驱寒保暖，还有强健筋骨的功效。对于孩子们而言，霜降节气吃柿子不仅满足了口腹之欲，吃下的柿子核还能做游戏的道具——孩子们三五成群地围坐在自家门口的石阶坎上，将一枚柿子核放在另一枚柿子核的旁边，谁能将小伙伴的柿子核弹蹦得最远，谁就获胜，赢得柿子核。

▲ 现代·于照《丹柿图》

关于霜降吃柿子还有一个传说故事。话说大明王朝的开国皇帝朱元璋，年幼时家中十分贫寒，经常吃了上顿没下顿，只好以乞讨为生。有一年霜降节，已经两天没饭吃的朱元璋饿得两眼发黑，四肢无力。当他跌跌撞撞走到一个小村庄时，顿时眼前一亮，发现村边的一处烂瓦堆里长着一棵柿子树，上面结满了红彤彤的柿子。朱元璋一见，兴奋极了，于是使出浑身力气爬到树上，吃了一顿柿子大餐，这才得以从阎王爷那里捡回了一条小命。而且他一整个冬天没有流鼻涕，也没有裂嘴唇。

后来，朱元璋当了皇帝，有一年霜降节领兵再次路过那个小村庄，发现那棵柿子树还在，上面依然挂满了红彤彤的柿子。面对此情此景，朱元璋思绪万千，正是这棵柿子树才使自己免于成为饿殍。他仰望着这棵平平常常的柿子树，缓缓脱下自己的红色战袍，又亲自爬了上去，郑重其事地把战袍披在柿子树上，并封它为“凌霜侯”，这才依依不舍地离去。这个故事在民间流传开来后，就逐渐形成了霜降吃柿子的习俗。

柿子虽然维生素含量丰富，口感良好，但也有食用的禁忌。吃柿子应适量而止，一般不能空腹食用，若进食较多，如一次超过3个，又是未成熟、未去皮的柿子，便易在胃内形成团块，不易消化，容易形成胃柿结石。

此外打霜降也是重要的节日习俗。依照古俗，每年立春乃开兵之日，霜降为收兵之期，故而每年霜降前夕，府、县的总兵及武官们都要身披铠甲，手持刀枪，以鼓乐为先导，声势浩荡地前往旗纛庙举行收兵仪式，以祈求来年国泰民安。等到了霜降当日清晨，武官们还会齐聚旗纛庙，行三跪九叩的大礼。礼成后，列队齐放三响空枪，谓之“打霜降”。据说武官“打霜降”后，掌管霜的神灵便不会轻易下霜危害农作物了，所以每年“打霜降”的仪式都会吸引大批百姓驻足围观。

霜降时节除了祭旗神、打霜降这样需要舞刀弄枪，且颇具看头的习俗外，当然也少不了文人雅事，赏菊就是其中之一。北京的陶然亭、天宁寺、龙爪槐都是旧时举行菊花会的胜地，菊花会上不仅摆盆样式丰富，还能见到紫凤双迭、映日荷花、墨虎须等珍贵的品种。文人雅士沉浸于美景之中，吟诗作对，泼墨挥毫，直至傍晚方才离去。当然，有钱人家自然是要附庸风雅的，这一天他们也要在家举行菊花会，祭祀菊花神。

此外，霜降时节，民间还有摞桑叶的习惯。霜打落地的桑叶被人们称为“霜桑叶”或是“冬桑叶”。中医认为，霜降后是采摘它们的最佳时机，因为它们具有疏散风热、清肺润燥、清肝明目的功效，所以又被老

百姓称为“神仙叶”。

“送芋鬼”是广东高明一带的霜降节俗，每年霜降，当地小孩便会用瓦片垒砌梵塔，塔成后放入柴草点燃，待瓦片烧得通红，遂毁塔煨芋，称之“打芋煲”，将残余的瓦片丢弃在村子外边则叫做“送芋鬼”，这样的做法也是为了祛除邪祟，祈祷平安。

俗话说“浓霜毒日头”，说明霜总是在晴天出现。可惜，霜冻杀百草，霜美则美矣，却往往让人联想到萧飒肃杀凛冽逼人的寒意，让人心生畏惧，大起悲秋之念。尤其是那些衣食无着的寒士往往笔下辛酸心头悲凉，比如唐人岑参送别友人李翥，诗云：“相识应十载，见君只一官。家贫禄尚薄，霜降衣仍单。惆怅秋草死，萧条芳岁阑……”其第二联“霜降衣仍单”当是实写，令人动容。

其实春去秋来，轮回的四季各有各的美丽，霜降时节秋高气爽，宜居宜游，秋光之美未必逊于春色，岂不闻霜叶红于二月花？

▲ 现代·于照《红枫飞鸟图》

北山白云里，隐者自怡悦。
相望始登高，心随雁飞灭。
愁因薄暮起，兴是清秋发。
时见归村人，沙行渡头歇。
天边树若荠，江畔洲如月。
何当载酒来，共醉重阳节。
——唐·孟浩然《秋登兰山寄张五》

菊花黄，登高望

秋高气爽，又逢重阳。重阳虽没有名列传统的三节之中，但它在传统节日里的地位并不比“三节”里的端午、中秋差多少。如果说春节是毫无疑问的重中之重，那么，重阳是能够堂堂正正与端午、中秋比肩的。在宋人蒲积中所编《古今岁时杂咏》里，从第三十三章到三十七章，整整五个章节都是吟咏重阳的。不必说“版版六十四”的古籍书，即便是在今人小字号的排印本里，这五章光目录就能铺满十多个页码！

如果说春节是一位慈眉善目的老人，擅长将儿孙召集在膝下，用漫天飞雪、一炉红炭酿出泼天的喜气，那么，端午就是暮春时节一位多愁善感的少女，佩香囊、葬落花，使得屈原老夫子所倡导的香草美人的文风代代相传、发扬光大。

如果说中秋是一个脸团团如满月的少妇用爱心、细心营造家庭的温馨甜蜜，那么重阳就是一条铁塔似的壮汉，负重登高如履平地，祛邪祈福遍插茱萸，是秋的丰腴，是中年的温厚、恬淡与平实。董桥说，中年是下午茶。没错，重阳就是这样一杯温热适宜的下午茶，暖人心，合人意。

为什么农历九月初九要叫重阳呢？因为一生二，二生三，三生万物。三

▲ 清·吴历《拟古图》

三得九，九是最大的阳数，两九相重，故而叫重阳，也叫重九。而九九八十一，更是了不得的数字，所以《西游记》里唐僧师徒西行取经必须历经九九八十一难，才能到得西天，修成正果。

重阳节早在战国时期就已经形成，唐代时重阳正式成了民间的节日并沿袭至今，而“重阳节”之名见之于记载却是在三国时代。关于重阳节的由来，南朝梁吴均在他的《续齐谐记》中记载了一个有趣的故事。

传说东汉时期，汝河瘟魔肆虐，但凡瘟魔出现，附近百姓便相继病倒，几乎天天有人因此丧命，汝河一带因此人心惶惶。汝南县里有一个叫桓景的人，他的双亲也因为瘟魔荼毒而不幸丧命，他自己也险些丧命于此。大病初愈的桓景，为了除去瘟魔，告别了妻子及乡亲，决心访仙学武。桓景四处遍寻高山名士，历经长途跋涉，终于听闻东方一座古老的山上有一位法力高强的仙人费长房。在仙鹤的指引之下，桓景不畏艰险，终于到达了那里。仙翁被他的精神所感动，愿意收留他，传授降妖的剑术，并赠予降妖的宝剑。桓景废寝忘食地练习，终于练就了一身非凡的武艺。

一天，费长房将桓景叫到身边对他说：“明日是九月初九，瘟魔又将作恶，你的本领已经学成，应该回去为民除害了。”说完，仙翁还给了桓景一包茱萸叶、一盅菊花酒，亲授避邪之术后命他驾仙鹤赶回家乡。

桓景回到家乡恰好是九月初九的早晨。按照仙翁的叮嘱，桓景将乡亲们带到了附近的一座山上，并将仙人给他的茱萸叶与菊花酒分给大家，为降魔做准备。午间，伴随着几声怪异的嘶叫，瘟魔冲出汝河。它刚到山脚下便闻

▲ 现代·蔡铣《爱菊图》

到了茱萸叶及菊花酒的气味，瘟魔立马止步，脸色大变。此时桓景手持降妖宝剑来到山下，不费吹灰之力便将瘟魔刺死了。自此，每年九月初九便有了登高避疫的风俗。

古人在重阳这天还有插茱萸、赏菊花、饮菊花酒、吃重阳糕和登高望远的习俗。《西京杂记》中记，西汉时的宫人贾佩兰称："九月九日，佩茱萸，食蓬饵，饮菊花酒，云令人长寿。"于是，民间为了祈求长寿，也都学起了宫中的规矩，每逢九月初九，佩茱萸，饮菊花酒。相传自此时起，有了重阳节求寿之俗。同时还有大型饮宴活动，是由先秦时庆丰收之宴饮发展而来的。《荆楚岁时记》云："九月九日，四民并籍野饮宴。"求长寿及饮宴，构成了重阳节的基础。陈志岁《与杨府山涂村众老人宴会代祝词》诗云："重九江村午宴开，奉觞祝寿菊花醅。明年更比今年健，共把青春倒挽回。"铺叙了老人节宴会、饮菊花酒、祝健等活动场景。除此之外，九月初九"九九"谐音是"久久"，有长久之意，所以常在此日祭祖与推行敬老活动。据此风俗习惯，1988年我国将农历的九月初九正式定为"中国老人节"，故重阳节又被称为老人节。

据传，重阳赏菊的风俗源于东晋大诗人陶渊明。陶渊明"不为五斗米折腰"，以隐居及诗歌出名，也以爱菊出名，他有"芳菊开林耀，青松冠岩列。怀此贞秀姿，卓为霜下杰"等句，更有"采菊东篱下，悠然见南山"的千古名句。后人效之，遂有重阳赏菊之俗。旧时士大夫还多将赏菊与宴饮结合，以求和陶渊明更接近。

▲清·陈枚《月曼清游图·重阳赏菊》

北宋京师开封，重阳赏菊颇盛行，当时的菊花就有很多种。宋代孟元老撰写的追述北宋都城开封府城风土人情的著作《东京梦华录》就记录了当时的盛况：整座开封城，无处没有菊花，无人不在赏菊。黄色、白色花蕊的被称为“万龄菊”，粉色的是“桃花菊”，色白檀心的是“木香菊”，纯白且花型硕大的被称为“喜容菊”。清代以后，赏菊之俗尤为盛行，虽不限于九月九，但仍然在重阳节前后最为繁盛。

重阳节饮菊花酒的习俗在汉魏时期就已经盛行。古人认为菊花酒能够“祛百病、令长寿”，故而会在头年的重阳节时就准备好第二年重阳节时要饮的酒，在初开的菊花中掺上些许枝叶酿酒，不仅能够治头风、明耳目、去痿痹，还有疏风除热、养肝明目、消炎解毒的功效。

重阳还有一种美食——重阳糕。据说讲究的重阳糕要做成九层，呈宝塔状，上面还做两只小羊，以符合重阳（羊）之义。有的还在重阳糕上插一小红纸旗，并点蜡烛灯，这大概是用“点灯”“吃糕”代替“登高”，用小红纸旗代替茱萸的意思吧。

重阳糕自然是重阳节的传统美食，又称“花糕”“发糕”。以米粉、豆粉

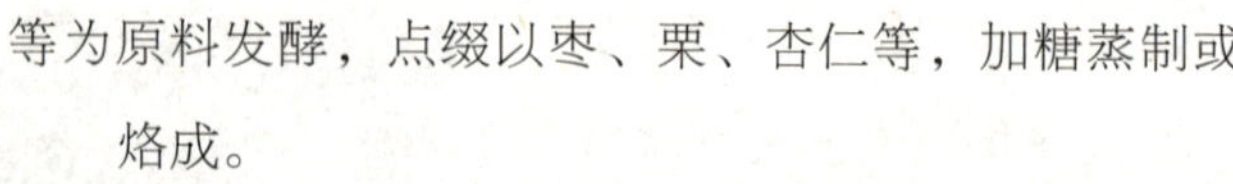

▲ 重阳糕

等为原料发酵，点缀以枣、栗、杏仁等，加糖蒸制或烙成。

对于文人们而言，似乎并不愿以吃糕代替登高，他们往往借登高望远，以抒自己内心积郁之块垒。比如盛唐的高适说：“登高临旧国，怀古对穷秋。落日鸿雁度，寒城砧杵愁。昔贤不复有，行矣莫淹留。”晚唐诗人杜牧则借酒浇愁，在“江涵秋景雁初飞”的九月九“与客携壶上翠微”。而一生穷困潦倒的北宋才子柳永慨叹：“不忍登高临远，望故乡渺邈，归思难收。”这是游子动了故园之思和羁旅之愁，令人扼腕。而晚年的杜甫在长江边的夔州独自登高，更是悲慨万端奔来笔底：“万里悲秋常作客，百年多病独登台。”他的这首七律《登高》格律精谨，写尽了老病孤愁，历来被人当作典范。可以说，自从汉代末年王粲登楼作《登楼赋》，骚人雅士们的登高望远便不再仅仅停留在秋日赏景休闲、避秽祈福的民俗层面，而是有了一个非常一致的指向，那就是抒发怀才不遇、报国无门的郁闷惆怅。比如当年辛弃疾登建康赏心亭，不仅没有感到赏心悦目，反将满腔闷怀付诸一声长叹：“把吴钩看了，阑干拍遍，无人会，登临意！”

“自古逢秋悲寂寥”，当季节之秋遭遇人生之秋、心境之秋的时候，诗人骚客笔下便不免秋花惨淡、秋草黄起，白白辜负了“晴空一鹤排云上，便引诗情到碧霄”的大好秋光。

莫听瑶间野哭声，
新寒剪纸作衣襟。
豆泥骨朵烧桦烛，
愁绝仁人孝子心。
——清·张朝墉《燕京风俗杂咏》

七月流火，九月授衣

农历十月初一是寒衣节，又名烧衣节、十月朝、冥阴节、重阴节，与春季的清明节、秋季的中元节，并称为一年之中的三大“鬼节”。《诗经·豳风·七月》上说“七月流火，九月授衣”，意思是农历九月起天气逐渐转凉，人们也开始为越冬添置御寒的衣服了，因此寒衣节也被称为“授衣节”。

中国人讲究“事死如事生”，所以在这一天要为先人烧送寒衣，以表怀念和关心。十月天气冷了，阳间的人换季穿上了厚衣服，自然也要给阴间的亲人送寒衣——一般是五色纸做的衣物，还有冥币和纸扎的宅院房舍等。考究些的，还要把这些东西打包，写上收件人和寄件人的姓名，注明辈分关系等，每位先祖各一份。然后，带到墓地去焚化或者晚上在家门口烧给死者。而且，还需烧

▲烧寒衣

得干净彻底，不留片角。因为人们相信如果烧得不彻底，先人就不能享用这些财物，自己的心意就白费了。清代有佚名诗云："寒衣好向孟冬烧，门外飞灰到远郊。一串纸钱分送处，九原尚可认封包。"正是民间烧寒衣习俗的实录。

除了普遍的做法之外，寒衣节这一天的习俗也因为地域的差异而呈现出不同的特色。晋北地区送寒衣时，会将五色纸分别做成衣、帽、鞋、被等不同的样式。有时还要用纸制作一套房舍，其间瓦柱分明，门窗齐备且精致漂亮。在洛阳地区有一句俗语叫："十月一，油唧唧。"说的是每年农历十月初一这天，人们往往要烹炸美食以准备供奉祖先的祭品，而这些食物大多油膏肥腻，故而在制作过程中难免弄得满手是油。

在偃师、宜阳等地，烧寒衣的地点往往不在老坟，而是在家门口或十字路口。每到农历十月初一这天，天黑前，人们便会用灰土在家门前撒一个灰圈，继而供上香火，烧纸衣、纸锭以祭奠先祖。考究一些的人家，为了确保自家的祖先能够享用寒衣等物，不被孤魂野鬼抢去，还要在十字通衢烧化五色纸，表示救济无人祭祀的绝户亡魂，因为"鬼有所归，乃不为厉"，那样做是希望它们能不打扰家中已经过世的亲人们，可见思虑之周到。而且，如果要迁坟，往往也在这一天进行。为父母守孝三年的孝子也在农历十月初一脱下孝服，换上平时的服装。

据说，寒衣节起源于众所周知的孟姜女千里寻夫哭长城的故事。

相传，秦时江南松江府孟、姜两家，种葫芦而得女，取名曰孟姜女，长

▲ 孟姜女千里送寒衣

大后许配给了范喜良。新婚才三天，范喜良就被抓去修筑北疆长城。孟姜女为送寒衣，千里寻夫至长城脚下，却听闻丈夫已死、被埋于城墙之下的噩耗。孟姜女悲痛不已，面对长城日夜痛哭不止，终于感动了上苍，哭倒长城，找回了丈夫的尸骨。哭倒八百里长城后，孟姜女欲为夫报仇，便与秦始皇抗争，最终怀抱丈夫范喜良的遗骨，纵身跳入大海殉情。当孟姜女跃入大海的一瞬间，海上掀起了滔天巨浪，继而拱起两方礁石——海上姜女坟。此后，即使海潮再大亦不曾将其淹没。

寒衣节的起源还与东汉蔡伦的大嫂慧娘有关。慧娘怂恿丈夫和蔡伦一样造纸，可蔡伦的哥哥技术不过关，造出来的都是劣质纸。为了挽回损失，慧娘装神弄鬼，编造了自己死后在阴间收到丈夫烧给她可以作为硬通货使用的纸，得以买通阎王回到人间的故事，成功地推销了自己家的劣质纸。由于她"还阳"是农历十月初一，故而后世的人们要在这一天烧寒衣祭奠亡灵。

关于寒衣节的由来，还有一种与明太祖朱元璋相关的传说。相传朱元璋称帝南京，为顺应天时，故在农历十月初一这天早朝时，行"授衣"之礼，并将刚收获的赤豆、糯米做成热羹赏赐群臣尝新。南京地区素有民谚："十月朝，穿棉袄，吃豆羹，御寒冷。"除了添衣御寒，人们往往也记挂着远在他乡的游子，要为他们在严寒来临之前捎去冬衣，捎去牵挂与温暖。

有意思的是，在寒衣节不仅死者穿上了御寒衣，生者也要进行象征过冬的活动。即使这一天还不够冷不必穿棉袄，主妇们也要拿出早就准备好的棉衣，让丈夫儿女试穿。而男人们则要检查、修理火炉和烟囱，并试火取暖，为过冬做好准备。

第四章 冬

天时人事日相催
冬至阳生春又来

除夕
正月十五
小雪
小寒
大寒
冬
人日
大寒
腊八
冬至
破五
大雪
小年
元宵

早久何当雨，秋深渐入冬。
黄花独带露，红叶已随风。
边思吹寒角，村歌相晚春。
篱门日高卧，衰懒愧无功。
——元·陆文圭《立冬》

又是寒风乍起时

立，始也，立冬就是冬季开始的意思。当然，这只是古人根据黄河中下游地区的气候特征而言。其实我国江南和岭南等地的冬天都晚于立冬，黄河以北地区的冬天则早于立冬，而海南一带基本没有冬天。

每年的11月7日或8日为立冬，二十四节气之第十九个节气。“荷尽已无擎雨盖，菊残犹有傲霜枝”，进入立冬大地已呈现初冬景象。古时人们将立冬分为三候：“一候水始冰，二候地始冻，三候雉人大水为蜃。”立冬之后，水面凝结成冰，但还未牢固。地表的霜寒也在向人们诉说着冬天的来临。在大海边，由于野鸡羽毛的颜色与花纹与蛤蜊极其类似，所以古人便以为类似野鸡的大鸟到了立冬的时候就变成了蛤蜊。

立冬、立春、立夏和立秋合称四立，是古代社会中十分重要的节日。在农耕社会，忙碌了一年的人们都要在立冬这一天休息一下，犒劳自己一年来的辛劳。每到立冬这一天，皇帝便会亲自率领文武百官，前往京城北郊设坛祭祀迎冬。仪式一方面可联络君臣感情，另一方面可激励臣子，皇帝往往会发放棉衣皮袄作为赏赐。如果幸运的话，还能赶上这年冬季的第一场瑞雪，那么朝廷赏赐的雪寒钱便足以令军人们笑逐颜开了。

《月令七十二候集解》说："冬，终也，万物收藏也。"俗话说秋收冬藏，立冬后粮食入库，蔬菜入窖，蛇虫冬眠，万物收藏，连人也要猫冬了——当然，现代人早就不猫冬了，而是在冬天抓紧冬灌、施肥，做好冬季田间管理，为来年的丰收打基础。而"十月半，栽大蒜""立冬种豌豆，一斗还一斗"等农谚则告诉我们立冬时虽然天气开始变冷，但也还有些农作物可以栽种，比如黄河中下游有些地方习惯栽大蒜，南方有些地区则能种豌豆。但在古时，靠天吃饭的农人对于晴雨无常的天气总有几分难以言表的恐惧，故而每年立冬这一天，福建宁德的霞浦县要"问苗"。何谓"问苗"？其实就是卜岁——农民成群结队地前往龙首山上的舍人宫田祖前卜问来年农作物的丰歉，晚间更有设宴狂欢。若是丰年，乡民还要演戏来感谢神灵、庆贺丰收。这个晚上，他们将暂时彻底忘记这一年来的汗水与艰辛，酣畅淋漓地投入到这忘情的欢庆之中。

谈到"吃"，立冬这一天也是大有讲究的。俗语曰："立冬补冬，补嘴空。"立冬需进补。在北方，人们习惯吃饺子。饺子来源于"交子之时"的说法，立冬是秋冬季节之交，所以"交子之时"的饺子不能不吃。而在我国南方，人们爱吃些牛羊肉。这刚好印证了《饮膳正要》记载的"冬气寒，宜食

▶ 烤火猫冬

黍以热性治其寒”，立冬过后天气寒冷，饮食要温补，应该多吃一些滋阴潜阳、热量较高的膳食。在台湾，则有炖麻油鸡、四物鸡和姜母鸭的习俗。

在河东水西“老天津卫”的聚居地，立冬这一天还有吃倭瓜饺子的习俗。其实，立冬时节，倭瓜已不多见，但夏日里存下来的倭瓜，经过了一季的糖化，再用作饺子的馅料，味道自然有别于冬日里较为常见的大白菜，且与夏天的倭瓜馅也是不同，吃的时候配上蒜泥和醋，也算是冽冽冬日里的一道美味了。

《诗经》有云：“八月剥枣，十月获稻。为此春酒，以介眉寿。”立冬的习俗固然丰富，但最富闲情雅趣的恐怕还是酿酒了。唐代诗人杜牧便写有一首《初冬夜饮》：“淮阳多病偶求欢，客袖侵霜与烛盘。砌下梨花一堆雪，明年谁此凭栏杆？”在微寒的初冬时节，与三五好友围炉夜话，酒饮微醺的时候，或可忆往事，或可思来者，自然别是一番滋味在心头。清代时，农人立冬时节

▲宋·徐禹功《雪中梅竹图》

以草药酿酒的习俗被称之为“冬酿酒”，用来泡酒的草药十分丰富，加之自家酿造的米酒，可谓醇香甘美。懂茶的人都知道，要沏一壶好茶，将茶的品质与特色毫无保留地散发出来，好水是必不可少的。与此类似，选择酿酒用的水也必须十分慎重。明代著名戏曲家高濂就认为雨水、雪水、井水这三种水，不被污染，洁净澄明且富有灵性，故为酿酒、泡茶的不二之选。

立冬时节虽已是草木凋零，蛰虫休眠，但也不乏初雪轻盈、围炉话诗的优雅与闲适，故而也常是诗人笔下吟哦描摹的对象。“己亥残秋报立冬，新新旧旧迭相逢。定知天上漫漫雪，又下人间叠叠峰。无意自然成造化，有形争得出陶镕。夜来西北风声恶，拗折亭前一树松。”宋人张无尽的这首《立冬日》是白描立冬下雪的景象。南宋著名诗人范成大则感慨“人逐年华老，寒随雨意增”，表示要“红泥炉畔酒，从此卜亲邻”——杯酒暖身，亲邻暖心，让人联想起白居易的名作《问刘十九》：“绿蚁新醅酒，红泥小火炉。晚来天

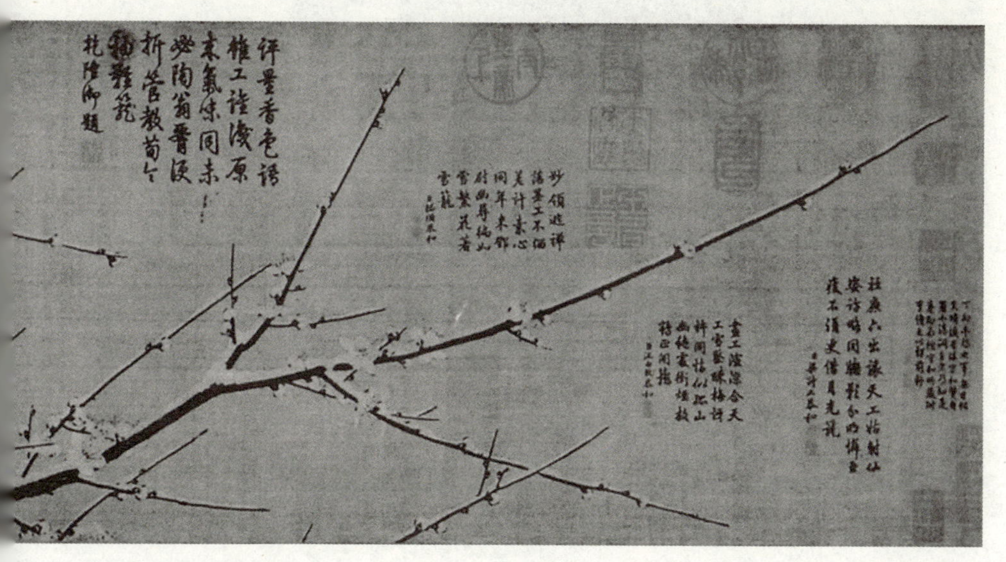

欲雪，能饮一杯无？”诗仙李白在《立冬》一诗中写道：“冻笔新诗懒写，寒炉美酒时温。醉看墨花月白，恍疑雪满前村。”立冬的晚上，天气转凉，指关节也有些不灵活，诗人觉得意兴阑珊，只想就着炉火与琼浆相伴。微醺之际，竟将铺撒了一地的月光看成了白雪。元人仇远则在《立冬即事二首》中写道：“细雨生寒未有霜，庭前木叶半青黄。小春此去无多日，何处梅花一绽香。”细雨使本就微凉的天气更添了一丝轻寒，但天气还没冷到结霜的时候。庭前的树叶早已黄了一半。然而闻到冬梅那凛冽、轻寒的香气，便觉得春天已经等在不远处了。

▲ 清·陈枚《月曼清游图·寒夜探梅》

花雪随风不厌看，更多还肯失林峦。愁人正在书窗下，一片飞来一片寒。

——唐·戴叔伦《小雪》

冰封地坼雪漫天

小雪，一个很美丽很精灵的反映降雪现象的节气名称。明代王象晋编撰的《群芳谱》中说："小雪气寒而将雪矣，地寒未甚而雪未大也。"古时人们将小雪分为三候："一候虹藏不见，二候天气上升，三候闭塞而成冬。"随着天气一天天变冷，不仅雨水越来越少见，雨后彩虹的美景也就只能等待来年了。古人认为，小雪节气的到来意味着空气中的阳气上升，阴气下沉，致使万物衰败，失去生机。大地冰封，天气更加寒冷，转入严寒的冬季，家家关门闭户以避寒。

每年的11月22或23日是小雪。从这一天起，我国黄河中下游地区理论上不再下雨，天空开始飘起雪花。不过，雪还不大，地面温度也还不够低，雪落到地上不久就融化了，人们很难看到积雪，只是入夜气温降低，雪水会凝结成冰。换言之，夜冻昼化是这一时节雪的特征，即所谓"小雪封地，大雪封河""小雪不耕地，大雪不行船"。而且，这时候要抓紧收白菜，农谚"小雪不收菜，冻了莫要怪"，是提醒菜农不能畏寒偷懒，要赶紧收菜。腌白菜是在气候寒冷的北部地区常吃的冬季储藏食品。腌的时候，冷冻至汤结薄冰为止。

“十月小雪雪满天，明年必定是丰年”，小雪时节在农历十月，此时降雪对农业生产很有好处。勤劳的农夫不会因为天寒地冻而懈怠，除了收白菜，他们还要忙着浇灌冬小麦，平整尚未冻得坚实的土地，积肥，给果树剪枝，植树造林等。故农谣云：“节到小雪天降雪，农夫此刻不能歇。继续浇灌冬小麦，地未封牢能耕掘。大白菜要抓紧砍，菠菜小葱风障遮，大小冬棚精细管，现蕾开花把果结。冬季积肥要开展，地壮粮丰囤加茓。植树造林继续搞，果树抓紧来剪截……”

▲ 清·董邦达《雪后悦心殿诗意图》

小雪节气进补可调节阴阳平衡，可食用牛羊肉等温补的食品，腰果、芡实、山药、核桃则可用于补肾。在南方一些地区，还有农历十月吃糍粑的风俗。糍粑也常被用作节日的祭品，南方有俗语曰：“十月朝，糍粑禄禄烧。”指的就是用糍粑祭祀的场景。

鲁迅先生说，雪是雨的精魂。人们喜欢洁白飘逸的雪花，围绕雪创作了许多的成语典故和佳篇名句，比如盛赞刻苦勤学的“囊萤映雪”，比如东晋才女谢道韫以“未若柳絮因风起”咏雪而留下“咏絮之才”的千古美名，更不必说天赋美貌以“雪肤花貌”喻之、天赋聪明以“冰雪聪明”形容、古道热肠及时援手则称之为“雪中送炭”……

小雪节气之后，每年的12月6日

或7日是大雪节气。《月令七十二候集解》云："大者，盛也，至此而雪盛也。"到了这个时段，雪往往下得大，范围也广，故名大雪。古时人们将大雪分为三候："一候鹖鴠不鸣，二候虎始交，三候荔挺出。"说的是每年大雪节气到来，由于天气过于寒冷，寒号鸟的叫声也日渐停止。虽然到了一年之中阴气最盛的时候，但正所谓盛极而衰，因感受到了萌动的阳气，老虎便开始求偶过冬了。而一种名为荔挺的兰草，则和寒梅、苍松一同，迎着严寒，抽出了新芽。

大雪以后，下雪的天数和降雪量都逐渐增多，地面自然也就有了积雪。大雪时节，北国大地千里冰封、万里雪飘，江淮地区也进入了一年中最寒冷阴郁的阶段，唯有南国大地依然葆有绿意。

有道是"瑞雪兆丰年"，积雪可保持地面及农作物周围的温度不会因寒流的侵袭而降得太低，又能把潜伏在土壤里的虫卵冻死，为越冬作物创造良好的环境，使其免受冻害和虫害。另外，雪水还是来年春天小麦返青时的重要水源，而且雪水中氮的含量丰富，可以为农作物补充养分。所以，农谚云"积雪如积粮""今年麦盖三层被，来年枕着馒头睡"。小雪产白菜，大雪产菠菜，隆冬时节的火锅里，总少不了这一份嫩白和碧绿，暖身又暖心。

民间还有"冬腊风腌，蓄以御冬"的习俗，随着气温急剧下降，天气也愈发干燥，正是百姓加工腊肉的好时节。老南京就有俗话叫做："小雪腌菜，大雪腌肉。"一到大雪节气，家家户户都要动手制作香肠、腊肉，烹制过后挂在屋檐下晒干，等到春节的时候便可以拿来美滋滋地享用一番了。

鲁北地区则有"碌碡顶了门，光喝红黏粥"的讲法，说的是天气太冷，人们也懒得串门拉家常了，倒不如在家里喝一碗热气腾腾的红薯

《晒腊肉》剪纸

粥，补中益气，健脾养胃。此外，大雪也是进补的大好时机，此时最应温补助阳，养阴益精。

雪后初霁，人们眼中的世界银装素裹，分外妖娆，空气也格外清新怡人。古今中外的骚人墨客，不知道有多少人酷爱这晶莹剔透的冬景，比如，曹公雪芹就在《红楼梦》第四十九回《琉璃世界白雪红梅　脂粉香娃割腥啖膻》里描绘了一幅栊翠庵梅如胭脂冷艳动人的绝妙图画，那画中还有史湘云围炉烤肉锦心绣口，兀的不喜煞人也么哥！

《世说新语笺疏·咏雪》中流传着这样一段千古佳话，谢朗与谢道韫是太傅谢安大哥谢无奕的一双儿女，一日谢太傅与晚辈们谈论诗文，空中忽而下起了大雪，兴之所至，谢太傅便问："白雪纷纷何所似？"颇有才学的谢朗随即答曰："撒盐空中差可拟。"此比虽不高妙倒也贴切，然而才女谢道韫却觉得牵强，用盐比雪岂可体现漫天飞雪纷扬而下的轻灵与曼妙，遂答："未若柳絮因风起。"这一比喻既表现出了大雪骤来时的景象，又描绘出了雪花轻盈的姿态，足见谢道韫的非凡才华。

其实，雪一直都是迁客骚人吟咏的对象，历代文人墨客咏雪的诗歌更是不可胜数。唐代诗人刘长卿《逢雪宿芙蓉山主人》一诗以凝练的笔法描摹出了天地苍茫之中诗人雪夜投宿时的所见所闻，其中"柴门闻犬吠，风雪夜归人"一联寥寥数语，却将一幅风雪夜归图刻画得淋漓尽致。唐宋八大家之一的柳宗元则在《江雪》这首诗歌中，以幽僻、冷清的雪景勾勒出了生命巨大的寂寥与孤独，诗人纤尘不染、纯净孤高的心性跃然纸上。明末清初的文学家张岱笔下的雪景则尽显江南韵致："雾凇沆砀，天与云、与山、与水，上下一白。湖上影子，惟长堤一痕、湖心亭一点、与余舟一芥、舟中人两三粒而已。"宁静广远、静谧幽深，俨然一幅泼墨山水画。雪的纯美与皎白常常让诗人们将之与花联系在一起，例如"忽如一夜春风来，千树万树梨花开""遥知不是雪，为有暗香来""梅须逊雪三分白，雪却输梅一段香"等诗句概莫如是。

作为大自然赠予人类的精灵，雪的存在，也为我们的生活增添了更多的诗情画意……

▲ 清·陈枚《月曼清游图·踏雪寻诗》

黄钟应律好风催，
阴伏阳升淑气回。
葵影便移长至日，
梅花先趁小寒开。
八神表日占和岁，
六管飞葭动细灰。
已有岸旁迎腊柳，
参差又欲领春来。

——宋·朱淑真《冬至》

岁暮天清，消寒迎春

冬至是二十四节气中的一个重要节气，在12月21日或22日。这一天是北半球一年中白昼最短、黑夜最长的一天，冬至以后白天逐渐拉长，因而也有俗话说：“吃了冬至面，一天长一线。”

南宋孟元老《东京梦华录》有载：“十一月冬至。京师最重此节，虽至贫者，一年之间，积累假借，至此日更易新衣，备办饮食，享祀先祖。官放关扑，庆祝往来，一如年节。”中国古代对冬至很重视，冬至被当作一个较大的节日，故民间有“冬至大似年”的说法，而且还有庆贺冬至的习俗。《汉书》中说：“冬至阳气起，君道长，故贺。”人们认为：过了冬至，白昼一天比一天长，阳气回升，是一个节气循环的开始，也是一个吉日，应该庆贺。因而冬至又别名“亚岁”“小岁”，也形象地体现了其重要性。

我国古代将冬至分为三候：“一候蚯蚓结，二候麋角解，三候水泉动。”冬至时，阳气虽然已经开始萌发，但依旧抵不过旺盛的阴气，作为阴曲阳伸的生物，此时的蚯蚓仍安静地蜷缩在土里。古人认为麋鹿喜爱生活在沼泽地带，故而属阴。冬至后，麋因感受到了天地间日益萌动的阳气，角开始脱落。再往后，山间泉水逐渐温热流动。

南朝梁宗懔《荆楚岁时记》有道："俗用冬至日数及九九八十一，为寒尽。"数九寒天，就是从冬至开始算起，每九天为一个"九"，九九八十一天后，春归大地。可见，数九的习俗形成甚早。我国民间素有"冷在三九，热在三伏"的说法，而流传了几百年的冬至《九九歌》更是形象生动地描绘了一九至九九的时光里天寒地冻又春回大地的变化过程：

一九二九不出手；
三九四九冰上走；
五九六九沿河看柳；
七九河开，八九雁来；
九九加一九，耕牛遍地走。

《周礼·春官·神仕》："以冬日至，致天神人鬼。"从周代起，冬至日就有祭祀活动。目的在于祈求与消除国中的疫疾，减少荒年百姓的饥饿与死亡。而纯粹地过"冬至节"是从汉代以后才开始的。周秦时代以冬十一月为正月，直到汉朝武帝时期采用夏历后，才将冬至与正月分开。《后汉书》中有这样的记载："冬至前后，君子安身静体，百官绝事，不听政，择吉辰而后省事。"那时，每到冬至，皇家不仅要举行"贺冬"的仪式，朝廷上下还要放假休息，军队待命，边塞闭关，商旅停业，亲朋好友之间则要互相拜贺，馈赠美食，所有人都全身心地投入到这个"安身静体"的节日之中。魏晋六朝时，冬至称为"亚岁"，民众要向父母长辈拜节；直到唐、宋时期，冬至仍然是祭天祀祖的重要日子。明、清两代，皇帝均有祭天大典，谓之"冬至郊天"。宫内有百官向皇帝呈递贺表的仪式，而且还要互相投刺祝贺，就像元旦一样。清代文士顾禄《清嘉录》有言："至日为冬至，朝士大夫家，拜贺尊

拜冬

长，又交相出谒。细民男女，亦必更鲜衣以相揖，谓之‘拜冬’。”诚如清人徐士宏《吴中竹枝词》所云：“相传冬至大如年，贺节纷纷衣帽鲜。毕竟勾吴风俗美，家家幼小拜尊前。”

都说“冬至大如年”，冬至节的习俗也沿袭至今。在广东人看来，冬至绝对是一个需要花心思、下功夫的重要节日，冬至这天广东人不仅要全家团圆，祭拜祖先，更是要在这一天做上一桌饕餮美食来犒劳自己，同时也祈求来年风调雨顺，诸凡顺遂。泉州人都说：“冬节不回家无祖。”所以即使远在他乡，冬至也是泉州人心里不忘的羁绊。

早晨起来煮一碗甜丸汤供奉祖先便拉开了福建泉州人过冬至节的序幕。泉州人吃丸，讲究的是有始有终，元宵吃“头丸”，冬节吃“尾丸”，不仅有头有尾，且头尾都圆满，可谓寓意深远。此外，祭祀祖先的供品还有嫩饼菜，一年之中，只有除夕、清明、冬至这样的大节才会置办嫩饼菜。制作嫩饼菜首先要将面粉制成薄饼皮，再用胡萝卜、冬笋、豆腐干、猪肉等切丝，韭菜、大蒜切段，以及豆芽、蠘肉、蚝煎、鸡蛋等重油炒熟的杂烩作为饼馅儿。等到吃的时候，薄饼皮包裹着馅料，加之油爆米粉丝、油焙海苔、炒花生，末加白糖、蒜白等配料，卷成筒状即可食用。因制作食材丰富，故而嫩饼菜有着“包金包银”，盼望来年发财致富的美好寓意。

两千五百年前的吴国都城姑苏台也有着源远流长的冬至习俗。每年冬至，老百姓可以品尝到一年只酿造一次的冬酿酒。这酒桂花香气浓郁，味道香醇，是百姓餐桌上必不可少的佳酿。团圆饭不仅菜色丰盛，且经过一番精心的包装，无论是冷盘还是热炒，一概换成了名字雅致的“吉祥菜”，例如蛋饺被称为“元宝”，肉圆则叫做“团圆”，粉条更是被称做“金链条”，喜庆之余，也散发着考究的吴地风情。

冬至团是苏州人冬至节必备的点心。据说，在老城苏州，每月都有一道精致的点心：一月元宵，二月二撑腰糕，三月青团子，四月十四神仙糕，五月炒肉馅团子，六月二十四谢灶团，七月豇豆糕，八月糍团，九月初九重阳糕，十月萝卜团，十一月冬至团，十二月桂花糖年糕。吃满了这十二道精致的点心，新的一年便又在眼前了。

冬至节很多地方都要吃馄饨。据说吃馄饨的习俗与美人西施有关。相传春秋时期，吴王吃腻了山珍海味，聪明的西施便献上了一道美味的点心。吴

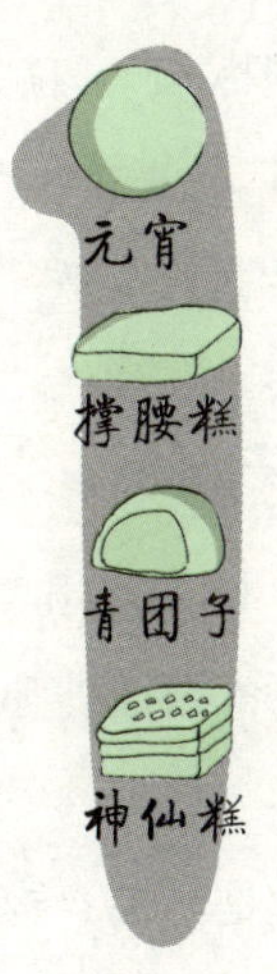

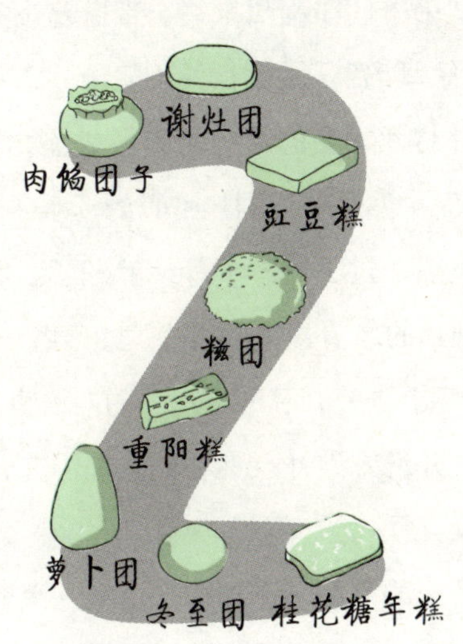

王一尝果真赞不绝口，还向西施询问点心的名字。西施心想这昏君整日稀里糊涂、混沌不开，便随口回答“馄饨”。后来为了纪念这位美人的蕙质兰心，馄饨便成了苏州人冬至节时不可或缺的美食。

老北京素有“冬至馄饨夏至面”的说法。传说汉代北方匈奴人常年滋扰边关，使战事连年，民不聊生，其中以浑氏、屯氏两支部落的首领尤为凶残。老百姓虽对其恨之入骨，却敢怒而不敢言，遂将肉馅包成角，取名“馄饨”，一来食之解恨，二来也祈求战争早日得以平息。因为最初制作馄饨的日子恰好就在冬至这一天，后世百姓便将冬至吃馄饨的习俗保留了下来，并延续至今。

我国北方农村则有冬至吃饺子的习俗，这一习俗的由来同样也和一位历史名人——东汉末年著名医学家张仲景有关。传说东汉末年，张仲景辞官还乡，正值隆冬时节，寒风凛冽，大雪纷飞。途经白河岸边，他看到了大量流离失所的百姓因天气过于寒冷，耳朵都冻烂了，顿时心生怜悯。回到家中，他便让弟子们在南阳东关一带搭起帐篷，为穷人施药治疗冻疮。这种药名叫“祛寒娇耳汤”，做法也并不复杂，即将羊肉、辣椒和一些祛寒的药材一起烹煮，并将煮熟后的羊肉剁碎做成馅儿，包进形似耳朵的面皮中，再下锅煮。“娇耳”煮熟后便连同热腾腾的汤水一起分给老百姓吃，吃了“娇耳”的百姓浑身发热，过了一阵子耳朵就好了。后人把“娇耳”称作饺子，为了纪念张仲景施药的恩情，冬至吃饺子的习俗一直保留到了现在。

“冬至进补，春天打虎”的俗语也广为流传，比如杭州流行入冬就到知名中药堂开膏方滋补。外婆们更是讲究，年年冬至都要让外孙女吃上自己熬制的阿胶。

冬至的习俗最有趣的是填九九消寒图，通常是一幅双钩描红书法，上有繁体的“庭前垂柳珍重待春风”九个字，每字九画，共八十一画，从冬至开始每天按照笔顺填充一个笔画，每过一九便填充完一个字，直到九九之后才算完成整图。也有的是填“春前庭柏风送香盈室”九个字，同样是每字九画共八十一画。

除了文字版的九九消寒图之外，还有涂画版和染梅版的九九消寒图。涂画版的消寒图首先将宣纸等分为九格，每一格都要印上九个圆圈，每天填充一个圆圈，填充的方法要根据天气来定，通常规则是上涂阴下涂晴，左风右雨雪当中，可见消寒图还可简单记录气象的变化，据说有经验的老人能根据该图推测出这一年的雨水多寡和丰歉情况。相较于文字版本的九九消寒图，涂画版的显然更容易上手，但是却少了几分精致与风雅。

染梅版的九九消寒图，又被人们称为“雅图”。明刘侗、于奕正《帝京景物略·春场》有言：“日冬至，画素梅一枝为瓣八十有一，日染一瓣，瓣尽而九九出，则春深矣。”冬至日在白纸上绘寒梅一枝，共八十一朵花瓣，一天染一朵花瓣，填完则寒尽春来。元人杨允孚曾在其《滦京杂咏》中这样描述填消寒图的游戏：“试数窗间九九图，余寒消尽暖回初。梅花点遍无余白，看到今朝是杏株。”也有消寒图是作对联的，每联九字，每字九画，每天在上下联各填

▲ 九九消寒图

九九消寒图

一笔，如上联是“春泉垂春柳春染春美”，下联是“秋院挂秋柿秋送秋香”，每联九字，每字九画，每天在上下联各填一笔，冬尽联成，称为“九九消寒迎春联”。

此外，还有鱼形、泉纹、葫芦、孩儿消寒图等多种漂亮的样式。不管哪种九九消寒图，在消磨时日、娱乐身心的同时，也简单记录了气象变化，成为民间喜闻乐见的文娱形式。

女诗人俞庆曾是俞曲园的孙女，雅擅诗词，她有一首《踏莎行·题九九消寒图》可圈可点：

> 小阁围炉，疏林暖酒。沉吟无语笼双袖。几番停笔费评量，今朝四九惊寒聚。
>
> 梅影横斜，吟肩削瘦。一帘冷月和霜斗。漫言枯管不知春，渐看春色从今逗。

此词上片写围炉小饮，弱质畏寒，双手笼袖，构思新作。下片写冷月梅影中春的脚步渐行渐近，充满走出寒冬拥抱春天的渴盼和希冀。

描写冬至的古诗也有不少。有一年冬至，白居易思念起初恋的意中人湘灵姑娘：“艳质无由见，寒衾不可亲。何堪最长夜，俱作独眠人。”用情之深之久，略可冲淡我们对其不仅广蓄姬妾而且还“三嫌老丑换蛾眉”的恶感。

又一年冬至，白老爷子的外孙女满月，老夫妇俩高兴得什么似的：“今旦夫妻喜，他人岂得知？自嗟生女晚，敢讶见孙迟？物以稀为贵，情因老更慈……”乐天居士是古代文人晚婚晚育的典型，可以想见他终于荣升外祖父时的无比欣喜。不过，更要紧的是这首诗的最后一联：“怀中有可抱，何必是男儿。”简直是“生男生女都一样”的唐代版。这样一副慈祥可爱的老外公模样对白老爷子在现代女读者心目中保持较为良好的形象可谓功不可没。

▲ 清·佚名《烘炉观雪》

诗圣杜甫有一首《小至》这样写道：“天时人事日相催，冬至阳生春又来。刺绣五纹添弱线，吹葭六琯动浮灰。岸容待腊将舒柳，山意冲寒欲放梅。云物不殊乡国异，教儿且覆掌中杯。”堤岸边的柳树静候腊月的离去，好让枝条肆意舒展，抽出嫩芽。山中的寒梅亦在等待冲破严寒，纵情绽放。虽然身处寒冬，但诗人却遥想到了温暖的春日。其实，冬至一过，春天也就在眼前了。正如雪莱那著名的诗句所说：“冬天来了，春天还会远吗？”

旧雪未及消，新雪又拥户。
阶前冻银床，檐头冰钟乳。
清日无光辉，烈风正号怒。
人口各有舌，言语不能吐。
——宋·邵雍《大寒吟》

小寒大寒，冻成一团

每年的1月5日或6日，节气交小寒，这时正值“三九”前后，标志着开始进入一年中最寒冷的日子。《月令七十二候集解》曰：“十二月节，月初寒尚小，故云，月半则大矣。”小寒气候虽寒冷，但还没到最冷的时候。最冷的节令，自然叫“大寒”。小寒是在农历的十二月，是干支历子月的结束以及丑月的起始，所以农历十二月又称“丑月”“腊月”。

古人将小寒分为三候：“一候雁北乡，二候鹊始巢，三候雉始鸲。”每年此时，大雁顺应阴阳而北迁；因感受到阳气，喜鹊开始筑巢；野鸡在冰天雪地中寻找食物，不时地鸣叫，寻觅着自己的伙伴。

中医认为寒为阴邪，最寒冷的节气也是阴邪最盛的时期，从养生的角度讲，要特别注意在日常饮食中多食用一些温热食物以补益身体，防御寒冷气候对人体的侵袭。小寒之后，人们常食用羊肉来调养身体。此外，吃涮火锅、糖炒栗子、烤白薯也可谓小寒时尚。俗话说：“冬练三九，夏练三伏。”在数九寒冬之际，锻炼身体不仅能增强体质，还能磨炼人们不怕严寒的坚强意志，增强身体对寒冷的适应能力。由于全身剧烈地活动后，呼吸加深，消化能力加强，新陈代谢旺盛，改善了身体条件，健康水平自然会随之提高。

▲湖南长沙马王堆出土的保健运动彩色帛画《导引图》

但冬季气温低，不易出汗过多，若大汗淋漓遇冷就容易感冒，冬季运动应该以适量、轻微为主，感觉身体微微发热是最佳的状态。

在诗人的眼里和笔下，小寒最美的一道风景，自然是梅。无名氏《醉蓬莱》词云："看梅腮妆腊，柳眼缄春，小寒交候。"南朝宋陆凯在其《赠范晔》一诗中说"江南无所有，聊赠一枝春"，因将梅花作为别具一格的礼物赠送给远方的朋友，成为千古名句。此外，唐代著名僧人黄檗禅师在其所作的无题诗中写道："不经一番寒彻骨，怎得梅花扑鼻香。"北宋喻陟亦有句云："晓日初长，正锦里轻阴，小寒天气。未报春消息，早瘦梅先发，浅苞纤蕊。揾玉匀香，天赋与、风流标致。"林逋《山园小梅》诗中有一咏梅佳句："疏影横斜水清浅，暗香浮动月黄昏。"王安石在《梅花》一诗中说："遥知不是雪，为有暗香来。"南宋陆游有词曰："零落成泥碾作尘，只有香如故。"这些诗词无不在刻画梅花高洁、优雅姿态的同时，写出了梅花桀骜不屈、坚贞孤高的风骨，风格清新，笔触雅致，意味深隽。

经过了小寒，1月20日或21日便是大寒了。《授时通考·天时》引《三礼义宗》："大寒为中者，上形于小寒，故谓之大……寒气之逆极，故谓大寒。"这时寒潮南下频繁，是中国大部分地区一年中最冷的时期，风大，低温，甚

▲ 明·孙克弘《梅竹图》

至地面积雪不化，呈现出冰天雪地、天寒地冻的严寒景象，即所谓“三九四九，冻破石头”。当然，纷纷扬扬的瑞雪也往往在这个时期降临人间，故而民谚云：“大雪年年有，不在三九在四九。”雪对冬小麦的生长非常有利，农谚说的“腊月大雪半尺厚，麦子还嫌被不够”就是这个道理。也有俗语说：“小寒大寒，杀猪过年。”“过了大寒，又是一年。”大寒是一年之中最后的一个节气，过了大寒，又将迎来新一年的节气轮回。

古时人们将大寒分为三候：“一候鸡乳，二候征鸟厉疾，三候水泽腹坚。”到了大寒时节，母鸡就可以开始孵化小鸡了。鹰隼之类的鸟为了及时补充抵御严寒的食物，整日在空中盘旋，伺机而动，寻找猎物。“水泽腹坚”是大寒时常见的景象，由于天气寒冷，河里的冰结得坚实无比，又到了可以采集冰块的时候了。

古时，每年冰天雪地的时候，人们还有窖冰的习俗。窖冰又叫敲冰、纳冰、藏冰，其实就是将凝结成形的冰雪敲碎，然后贮藏在冰窖之中。等到来年盛夏时节，酷暑炎炎叫人难以忍受的时候，冰窖里储藏的冰便可用来解暑降温了。朝廷中专门管理冰政的官员被称为“凌人”。每年大寒，凌人便会主持伐冰。由于在储藏的过程中，三分之二的冰会逐渐融化，故而贮藏冰块的数量往往是夏天实际使用数量的三倍。到了明清时代，主持伐冰的工作转移到了太监手中，北京定安门、崇文门外山阴处的地窖便用来贮藏冰块。

大寒时不仅要采冰，还要藏雪，将雪储存在罐子里密封起来，并存放于阴凉处。融化了的雪水既可以用于烹饪也可以用来煮茶。

大寒之后就是立春了。为了顺应春回大地、万物升发的变化，中医认为大寒时节宜进补，人们应多食用一些具有升散性质的食物。在广东佛山一带，大寒的时候要吃用瓦锅蒸出的糯米饭，糯米性温味甘，具有补中益气、健脾养胃、御寒强健的功效。在安徽安庆地区，人们会在大寒那天吃炸春卷。

六朝古都南京素有“一九一只鸡”的说法。所以每逢大寒，老南京人就要炖上一锅老母鸡汤，加入黑木耳、枸杞等食材，经过熬煮后，便可细细体味这寒冬腊月里得之不易的温暖与滋补。

腌菜头炖蹄髈则更能显出南京地方风味。小雪时腌制的青菜经过了一段时间的存放早已令人迫不及待了，搭配肥瘦适中、肥而不腻的蹄髈一起食用，既能体味肉的鲜润又不失菜的爽口，色味俱佳，令人回味无穷。

和很多地方一样，南京人大寒时也有食羹的习惯。而由于独特的地理位置，南京人的羹可以说是调和了南北风味，既保留了北方羹的纯正浓厚，又兼有南方羹的清新精致。天寒地冻的日子里吃上一碗，浑身都会散发出热度。

在农村，每年大寒要开始忙着除旧布新、置办年货。除旧布新的过程，除了打扫、布置之外，其实还有诸多讲究。例如清扫过程中，为了能够“闷

凌人采冰

声发大财”，所以全家人都不能说一句话；而清扫的垃圾不能往外倒，则是因为“肥水不流外人田”。此外，在旧时，人们还会在大寒时节购买芝麻秸。常言道：“芝麻开花节节高。”等到除夕夜的时候，人们便会在路上撒上芝麻秸，并叫孩子们踩碎，而“碎”与“岁”谐音，取“岁岁平安”的吉祥寓意。

尾牙祭也是一项颇为重要的民俗活动。尾牙祭源于拜土地公和“做牙”。“做牙”亦称“祭牙”，本是莆仙商人的一种祭祀方式，后来延伸到了民间，成为了普遍的大寒节俗。传说明代有一个专门经营米业的商人叫陈米牙，和那些唯利是图的商人不同，陈米牙做生意讲究的是薄利多销、童叟无欺，他每次卖米给百姓不收一分利钱，而是用他小指头上的长指甲在已售出的大米中留出一指甲的米作为利钱。一传十，十传百，久而久之，他的商铺前每天都车水马龙、门庭若市，一时间传为美谈。后来，莆仙的商人为了效仿和纪念他，便在每年农历二月初二日外出做生意以及十二月十六日回家过年的时候，举行祭祀陈米牙的仪式，后来被称为“做牙”或“祭牙”。

▲ 宋·夏圭《雪堂客话图》

尾牙祭的头牙就在二月二，往后每月初二、十六都要“做牙”，到农历十二月十

六正好是尾牙。这一天生意人通常要摆宴，白斩鸡是席间不可或缺的一道菜，据说鸡头朝向谁，就表示来年老板要炒谁的鱿鱼。所以为了能让手下的员工无忧无虑地过个团圆年，老板往往会把鸡头朝向自己。

岁末年终天寒地冻，往往容易引起文人的迟暮衰飒之感。陆游《大寒出江陵西门》诗云：

平明羸马出西门，淡日寒云久吐吞。
醉面冲风惊易醒，重裘藏手取微温。
纷纷狐兔投深莽，点点牛羊散远村。
不为山川多感慨，岁穷游子自销魂。

“古道西风瘦马”，失意的诗人在岁暮黯然销魂——想那陆大诗人还有重裘暖袍可以呵护冰凉的双手，白居易笔下“心忧炭贱愿天寒”的卖炭翁们就更令人唏嘘了，何况还有杜工部语不惊人死不休的“路有冻死骨”。

如今，绝大多数人过上了富足的生活，相信孩子们大年初一穿上新衣服的喜悦早已不如我们儿时那样强烈。但在严寒中谛听春的跫音，希冀来年吉祥顺遂的心愿，却是永远不会改变的。

一阳初夏中大吕，谷粟为粥和豆煮。应时献佛矢心虔，默祝金光济众普。盈几馨香细细浮，堆盘果蔬纷纷聚。共尝佳品达沙门，沙门色相传莲炬。童稚饱腹庆州平，还向街头击腊鼓。

——清·道光《腊八粥》

腊七腊八，冻死寒鸦

腊八即农历十二月初八，在小寒和大寒之间。腊八，古称“腊日”。在我国远古时代，“腊”是一种祭礼。据记载，周代称腊日为“大腊”，每年大腊这天，周王都要隆重地举行祭冬仪式，祭祀神灵和先祖，祈求丰收与吉祥。古人常将祭祀祖先与天地神灵合并举行，称为“腊祭”，故将举行腊祭之月称作“腊月”，称腊祭这一天为“腊日”。原先，腊祭日期并不固定，南北朝时才定为腊月初八。

《史记·秦始皇本纪》载：“三十一年十二月，更名‘腊’曰‘嘉平’。”秦始皇从殷之旧称，更腊月之名为“嘉平”。据说“嘉平”之名的由来还有一个神仙故事。相传周朝末年，有一个人名叫茅濛，字初成，是道教茅山派创始人茅盈的曾祖。茅濛性情良善，平日常积德行善，且勤俭朴素，博学多识。后来他拜了北城鬼谷子为师，跟他学习长生之术与仙丹秘方。周朝亡国后，他再次远离尘嚣，进入华山修道炼丹，最终乘云驾龙，白日升天。茅濛成仙前曾留下过一首歌谣：“神仙得者茅初成，驾龙上升入太清。时下玄洲戏赤城，继世而往在我盈。帝若学之腊嘉平。”意思是劝皇帝学仙，后来爱好修仙问道的秦始皇听到了这个传说，便将腊月改名，称为“嘉平”。

◀牧羊女施乳糜于释迦牟尼

到了唐代，腊八节又被蒙上了神秘的佛教色彩。传说释迦牟尼在成佛以前，弃位出家，经过六年的苦修苦行，身体渐渐变得极度瘦弱，有一日竟晕倒在尼连河畔，幸得一位牧羊女施以乳糜，才于腊月初八在菩提树下悟道成佛。从此，腊八便成为佛教的一个盛大、隆重的纪念日，每年这一日佛门都要浴佛、施粥，这就是腊八粥，又称佛粥。传说喝了这种粥可以得到佛祖的庇佑，所以腊八粥也被称为“福寿粥”。

不管腊八粥因何而起，它总是用各种粮食和果仁一起炖煮而成的。腊八粥的主要食材是谷类，有粳米、糯米和薏米等。其中粳米不仅补中益气、除烦止渴，还能养脾胃和五脏；糯米有温脾益气的功效；多吃薏米则可健脾补肺、清热祛湿。最早的腊八粥是米加了红豆来煮，后经演变，加之地方特色，逐渐丰富多彩起来。南宋周密《武林旧事》说：“用胡桃、松子、乳覃、柿、栗之类作粥，谓之腊八粥。”当然，腊八粥所用往往不止这几种食材，甚至可以多达二十余种。清人富察敦崇在《燕京岁时记》里则称“腊八粥者，用黄米、白米、江米、小米、菱角米、栗子、去皮枣泥等，和水煮熟，外用染红桃仁、杏仁、瓜子、花生、榛穰、松子及白糖、红糖、琐琐葡萄，以作点染”，颇有京城特色。

其实自己在家熬制腊八粥，凡是想得到的果仁果脯都可以往里放，这不仅使熬煮出来的粥品营养丰富味道好，而且还起到了厨房粮柜“年底大扫除”的作用。聪明的主妇把缸缸甏甏瓶瓶罐罐都撤了空，来年可装新米新

▲ 腊八粥

豆，既不造成任何浪费又彻底消灭了陈粮，一举多得。更不要说寒冬腊月里，一家人围坐，分食热腾腾软融融香喷喷的腊八粥，是多么温馨多么甜蜜呀！在我国北方一些地区，由于少产或是不产大米，人们往往不吃腊八粥，而是以面代替。农历初八的早晨，西北地区的主妇们将各类果蔬做成新鲜的臊子，配上筋道的面条，亦不失为一种美味。

腊八节除了要喝上一碗暖身暖心的腊八粥之外，还有祭祖敬神等不少民间习俗。旧时，民间将腊八视作济贫的日子，所以每逢腊八，只要有乞丐上门，人们就会施粥救济。而若有人家近来不顺当，那就更要行善积德，广结善缘了。

豆腐是安徽黟县的风味特产，每年腊八前后，黟县百姓都要晒制“腊八豆腐”过节。在北方，尤其是华北地区，腊八泡蒜的习俗极为普遍。将剥了皮的蒜瓣放入一个可以密封的罐子里，倒入食醋，封口后置于阴凉处，随着时间的推移，浸泡在醋里的蒜瓣会逐渐变绿，如翡翠碧玉。腊八蒜的“蒜”字谐音“算”，这天各家商铺还要拢账，将这一年的收支与盈亏整理清楚，“腊八算”说的正是这个。

和腊八有关的故事最出名的要数女皇武则天命令百花在腊月盛开的传说了。天授二年（691）腊月初，有人欲发动宫廷政变，故意宣称御花园百花反季节绽放，想趁女皇看花之机将她的皇位推翻。武则天察知此事，气势十足地颁下圣旨：“明朝游上苑，火急报春知。花须连夜发，莫待晓风吹。”果然，腊八那天，除了牡丹，百花盛放，政变者的阴谋没有得逞。当然，腊八花开并非花神们惧怕女皇的威严，而是因为那年腊八特别温暖。比如杜甫就曾在诗中记载某年腊八气候反常柳色露青的事："腊日常年暖尚遥，今年腊日冻全消。侵陵雪色还萱草，漏泄春光有柳条。"

可无论故事的内容是多么曲折精彩，终究不过是茶余饭后的谈资，对于老百姓而言，最最实在的还是怎么把年过好，把日子过红火。腊八一过，各家就要把过年这件大事提上日程了。特别是孩子，期盼过年的心情较之大人更为热烈。在千家万户紧张却不失节奏的准备中，年，一步步地靠近了……

▲ 清·蒋廷锡《富贵满堂》

天地风霜尽，乾坤气象和。
历添新岁月，春满旧山河。
梅柳芳容徲，松篁老态多。
屠苏成醉饮，欢笑白云窝。
——明·叶颙《己酉新正》

相守夜欢哗

春节可以说是中华民族最重要，也是最隆重的传统节日。传统意义上的春节是指从腊月初八的腊祭或腊月二十三的祭灶，一直到正月十五元宵节，俗称“年节”。

最早的汉字把“年”归为禾部，意即稻谷之丰稔，所以年又叫作“稔”。甲骨文中的“年”字是人背禾的象形字，也指收成。故这里“年”的本意是指农作物的丰收。为了庆祝农作物的丰收，人们举行庆祝活动用以祭祀神灵，感恩赐予并祈求来年更大的丰收。

▲“年”的字形演变，从左至右依次为甲骨文、金文、小篆、隶书、楷书

老百姓过春节的传统据说始于夏朝，那时人们将农历的正月初一作为一年的岁首。先秦时期，就有了岁时的雏形。《诗经·豳风·七月》里记载了人

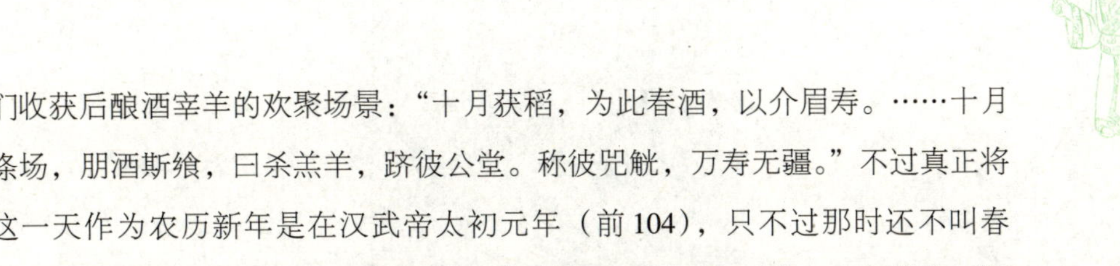

们收获后酿酒宰羊的欢聚场景："十月获稻，为此春酒，以介眉寿。……十月涤场，朋酒斯飨，曰杀羔羊，跻彼公堂。称彼兕觥，万寿无疆。"不过真正将这一天作为农历新年是在汉武帝太初元年（前104），只不过那时还不叫春节，而是被称为"元日"。祭祖是汉朝春节的重要活动和习俗。东汉崔寔《四月民令》提到："正月之旦，是谓正日。躬率妻孥，絜祀祖祢。"直到辛亥革命之后，我国开始使用公历纪年，才正式将正月初一作为春节。

春节这一民俗节日不仅节庆活动丰富多彩，且持续时间很长，足见人们对它的爱重。要走进这段漫长而又欢欣的时光，首先要来聊聊小年。

小年是中国汉族的传统节日，也被称为祭灶节、灶王节。最初，小年是为了祭祀灶神，让神灵保佑五谷丰登、平安幸福。后来，随着时间的推移，朝代的更迭，小年渐渐被视为过年的开端。在不同的地方小年的日期也不同。在古代，过小年有"官三、民四、船五"的传统，也就是说，官家的小年是腊月二十三，百姓家的是腊月二十四，而水上人家则是在腊月二十五。然而，无论是哪一天，大家辞旧迎新的愿望都是一样的。

小年，这是一年走向尾声的日子，也是农历新年的铺垫和伏笔，更是祭祀灶王爷的重要节日。灶君，也称灶神、灶王，是古代神话传说中掌管饮食的神明。关于灶神的来历有很多传说，其中有传说灶王爷原为平民张生，娶妻之后终日花天酒地，败尽家业沦落到上街行乞。一天，他乞讨到了前妻郭丁香家，羞愧难当，一头钻到灶锅底下烧死了。玉帝知道后，认为张生能回心转意，还没坏到底，既然死在了锅底，就把他封为灶王，每年腊月二十三、二十四上天汇报，大年三十再回到灶底。每年这天，家家户户供奉的灶君都要向玉皇大帝报告这家人一年来的作为，如果多行善举则予以封赏，如果作恶多端就要加以责罚。故而送灶的时候，人们便会想方设法讨好灶君，不仅要献上丰盛的祭品，还要将融化了的关东糖涂在灶君嘴上，以防他到玉

灶神

皇大帝面前说自己的坏话。于是，民间就有了腊月二十三、二十四祭灶的“小年”，祈求来年平安和财运。

古时祭灶不分身份的贵贱、高低，上至皇宫大臣，下至平民百姓，对灶神都是毕恭毕敬。据有关资料记载：每年腊月二十三，清朝皇帝例行在坤宁宫大祭灶神，同时安设天、地神位，皇帝在神位前行九拜礼，以迎新年福禧。祭灶这天，坤宁宫设供案，安放神牌，神牌前安放香烛供品，殿廷中设燎炉、拜褥。祭灶时，宫殿监奏请皇帝到坤宁宫佛像、神像、灶君前拈香行礼。礼毕，宫殿监再奏请皇后依次向灶君等神位行礼。

除此之外，小年期间，主妇们则要忙着腌鱼酱肉，置办年货，打扫屋子，除旧迎新，忙得不亦乐乎。鲁迅先生笔下那位著名的祥林嫂之所以能够在二次守寡后重进鲁府，就是因为她“实在比勤快的男人还勤快，到年底，扫尘，洗地，杀鸡，宰鹅，彻夜的煮福礼，全是一人担当，竟没有添短工”。扫尘为的是除旧迎新，祛除不祥。各家各户都要认真彻底地进行清扫，做到窗明几净。有的人家还要贴窗花、福字、年画和春联等等。春联上的文字往往是一些吉祥话，且对仗工整、简洁精巧，表达了人们对于美好生活的向往与憧憬。

贴福字是有讲究的，为了更好地体现内心对于幸福生活的憧憬，民间往往将福字倒贴，寓意“福气已到”，而关于福字倒贴的由来，民间还有一则关于马皇后的传说。相传当年明太祖朱元璋以“福”字作为记号，欲发动暗杀。善良的马皇后得知此事后，遂下令全城百姓须在天亮前在自己门上贴一个“福”字，皇后下旨自然是人人遵从。有趣的是，其中一户不识字的人家竟将“福”字贴倒了。翌日，便有人向朱元璋禀报，说家家户户门上都贴了“福”字，还有一户人家把“福”字贴倒了。勃然大怒的朱元璋迁怒于这户将“福”字贴倒的人家，遂下令将其满门抄斩。马皇后见情况不妙，急中生智，便对朱元璋说：“想是那户人知道你今日到访，故意将福字贴倒了，这不就是‘福到’的意思吗？”朱元璋听了，觉得言之有理，便收回了成命。至此，人们便有了倒贴福字的习惯，一来为讨个吉利，再则就是为了纪念好心肠又聪明的马皇后了。

过了小年，最令人期待的除夕终于款款而来。除夕在腊月的最后一个晚上。除，即去除的之意；夕，指夜晚。除夕也就是辞旧迎新、一元复始、万象更新的节日。

除夕之夜，大家庭团圆的年夜饭不可少，放鞭炮不可少，守岁也不可少。吃年夜饭无疑是大年三十的重头戏，大年三十赶回家团圆是每一个中国人内心的愿望。吃年夜饭不仅人要齐，菜色也要尽可能丰富，因为这预示着来年的丰衣足食。在北方，吃团圆饭自然少不了饺子，除夕夜吃饺子是取“更岁交子”之意。包饺子的时候，为了讨个好彩头，老百姓会将糖、铜钱、花生、红枣等一同包进饺子馅里。若是吃到带糖的饺子就预示着来年生活幸福甜蜜；要是吃到了铜钱，则说明新的一年就要财源广进了；倘若老人吃到了代表长寿的花生必定是要笑开花了的；如果家里有新婚的夫妻吃到了红枣，那可就是早生贵子的好兆头了。

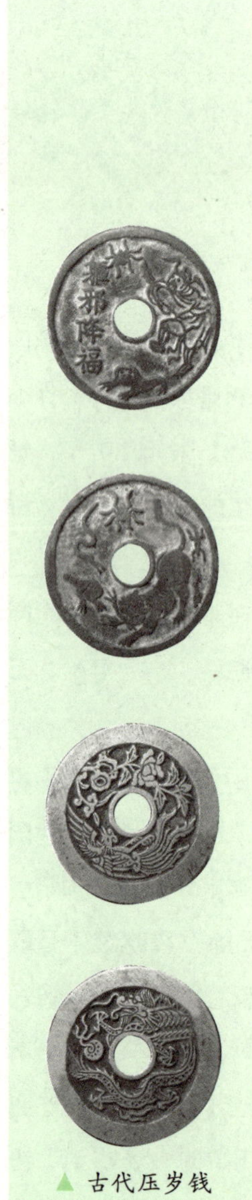

古代压岁钱

吃团圆饭，自然少不了饮酒。古时人们对于过年饮用的酒十分重视。但这些酒大多已经失传，只留下了那些美丽且叫人遐想的名字——宜春酒、桃花酒、屠苏酒。其中流传时间最久、最为人所熟知的就是屠苏酒了。

相传屠苏是一种草的名字，也有人说屠苏是古代的一种屋舍，因为在其中酿酒，故取名屠苏酒。传说屠苏酒是东汉末年的医学家华佗发明的，其主要成分有大黄、白术、桂枝、乌头等中药材，入酒后，具有益气温阳、祛风散寒的功效。后经唐代名医孙思邈的推广，逐渐在民间流行开来。一般情况下，饮酒总是长者为先，但饮用屠苏酒的时候却恰恰相反，要从最年轻的人饮起，表示对长了一岁的孩子的祝贺，并向又失去一年生命的长者祝寿。唐人顾况有《岁日作》诗云："不觉老将春共至，更悲携手几人全。还将寂寞羞明镜，手把屠苏让少年。"宋人苏辙的《除日》诗里也有"年年最后饮屠苏，不觉年来七十余"的句子。它们都流露出些许年华老去的悲凉，唯乐观旷达的苏轼表示："但把穷愁博长健，不辞最后饮屠苏。"

吃完了年夜饭，大人们要祭拜祖先，还要给孩子们发能够压住邪祟的压岁钱。最早的压岁钱出现于汉代。古代压岁钱也叫厌胜钱，这种钱不是市面上流通的货币，是为了佩带玩赏而专铸成钱币形状

的避邪品。这种钱币形式的佩带物品有的正面铸有钱币上的文字和各种吉祥语，如“千秋万岁”“天下太平”“去殃除凶”等；背面铸有各种图案，如龙凤、龟蛇、双鱼、斗剑、星斗等。到了明清时期，压岁钱是用彩绳把一枚枚铜钱穿起来，编作龙的形状，赐给孩子。清代吴曼云的《压岁钱》一诗非常传神：“百十钱穿彩线长，分来再枕自收藏。商量爆竹谈箫价，添得娇儿一夜忙。”诗中描写了孩子们过年喜获压岁钱的心情，究竟是买爆竹还是买箫吹呢？兴奋得整夜都没好好睡。

夜空中灿烂的烟花，震天的爆竹声把除夕的气氛推向了高潮。“爆竹声中一岁除，春风送暖入屠苏。千门万户曈曈日，总把新桃换旧符。”王安石的《元日》一诗生动地再现了人们欢度春节的喜庆情景。

忙活完了大家再聚到一起闲话家常，直至次日凌晨，这就是守岁了。《东京梦华录》记载：“除夕……士庶之家，围炉而坐，达旦不寐，谓之守岁。”守岁起源于晋代，主要有两层含义：家中的长辈守岁有着感叹年华迟暮、珍惜美好时光的深意，而年轻人守岁则是为了让父母延年益寿。苏东坡的“儿童强不睡，相守夜欢哗”，描述了守岁的情景。唐代诗人孟浩然的诗歌《除夜有怀》对彼时千家万户守岁也做了生动记录：

五更钟漏欲相催，四气推迁往复回。
帐里残灯才去焰，炉中香气尽成灰。
渐看春逼芙蓉枕，顿觉寒销竹叶杯。
守岁家家应未卧，相思那得梦魂来。

“一夜连双岁，五更分二年。”除夕守岁也许更多的是人们希望见证新旧年交替的这一刻，表达对逝去一年的留恋与怀念和对新的一年的美好憧憬。

除夕之夜，除了要向陪伴在自己身边的亲朋好友道一声祝福外，也不免要对那些不在身边的友人们多出一分怀念。只是祝福之余又不免牵扯出些许对于时间的怅惘，感慨岁月不居，鬓生二毛。唐人崔涂在客中如是痛切陈词“渐与骨肉远，转于僮仆亲。那堪正漂泊，明日岁华新”，羁旅行役的无奈悲凉跃然纸上；卢仝曾作《守岁》诗云“年去留不得，年来也任他。当炉一榼酒，争奈两年何”，流露出对时光飞逝的无奈与惆怅；白居易在某年除夕寄诗给好友元稹，叹息“鬓毛不觉白毵毵，一事无成百不堪。共惜盛时辞阙下，同嗟除夜在江南”。而刘禹锡则心惊于老友故去，岁夜咏怀，感慨万千：“念昔同游者，而今有几多。”此情此意，古今同也。

当然，豁达通透如坡仙方能做到得失荣辱不萦于怀，比如他五十九岁在贬地广东惠州过年，特地抄写二十年前在江苏镇江过年时的旧作送给儿子苏过：

寺官官小未朝参，红日半窗春睡酣。
为报邻鸡莫惊觉，更容残梦到江南。

钓艇归时菖叶雨，缫车鸣处楝花风。
长江昔日经游地，尽在如今梦寐中。

苏轼一生多次被贬，但始终淡然处之，不以物喜，不以己悲，在这首诗中他就窃喜于自己职位低除夕不必进宫朝参，可以安安稳稳睡回笼觉。

辞旧迎新之际，最易让人感慨时序变化和时光流逝，因而勉励人们

珍惜光阴，也是春节诗词的一大主题。苏轼在《守岁》诗中劝诫人们珍惜光阴，及时努力：“明年岂无年？心事恐蹉跎。努力尽今夕，少年犹可夸。”明代才子文徵明的《除夕》诗表达了其惜时奋进之意：“人家除夕正忙时，我自挑灯拣旧诗。莫笑书生太迂腐，一年功事是文词。”

佳节必思亲思友，如在客中，则必思乡。老百姓非常熟悉的西厢故事的原作者元稹是诗史上悼亡题材的公认高手，除了著名的《遣悲怀》三首，他还有《除夜悼亡》：“忆昔岁除夜，见君花烛前。今宵祝文上，重叠叙新年。闲处低声哭，空堂背月眠。伤心小儿女，撩乱火堆边。”原来，除夕本是他和结发妻韦丛大喜的日子，到如今烛光依旧、人鬼永隔，怎不叫人痛断肝肠？

描写除夕的诗歌自然不会皆是哀婉凄楚的悲音，唐代诗人史青便有一首《除夕》：

今岁今宵尽，明年明日催。寒随一夜去，春逐五更来。
气色空中改，容颜暗里回。风光人不觉，已著后园梅。

诗文中洋溢着春回大地、生机盎然的气息，寥寥几笔，便生动形象地勾勒出了春意将近，人们作别旧年，迎接新春的美丽图景。

新正妇女忌偏多，
生米连朝不下锅。
杯碗捧持须谨慎，
小心破五未曾过。
——民国·冯文洵
《丙寅天津竹枝词》

吃饺子，迎财神

过年有诸多的禁忌，比如不动土、忌打扫、不做针线、不能用生米做饭，甚至不能打破碗碟，万一打破了要马上说“岁岁（碎碎）平安”，而出嫁了的女儿也不可以在娘家居住。民国初的天津诗人冯文洵在其《丙寅天津竹枝词》里曾云：“新正妇女忌偏多，生米连朝不下锅。杯碗捧持须谨慎，小心破五未曾过。”每到年里头，家里的老人就要反复叮嘱不能动笤帚，不能倒垃圾，不然会把新年里的财运和福气都倒出去了。所以，年前家家户户要大搞卫生。旧时大户人家家大业大，往往在年底要雇些临时佣人来擦雕花窗棂等。

那么，到哪一天才可以破除这些禁忌呢？正月初五。这天俗称“破五”。

除了可以破除种种过年时的禁忌，吃饺子是破五这天重要的节日习俗，破五吃饺子在民间有着十分丰富的含义。都说人言可畏，破五吃饺子又被称为“捏小人嘴”，据说这样就可以远离谗言诽谤；此外破五吃饺子是为了“补窟窿”，一则为了填穷坑，二则是要预防疾病；当然，破五吃饺子也承载着老百姓对于新年的期待与憧憬。不过，破五吃饺子有一个大讲究——饺子馅必须是自家剁的。破五这天，家家户户都要把砧板剁得叮当响，让左邻右舍都

听见，说明正在剁“小人”，以此期待来年一家和顺。

除了吃饺子，破五还有打扫卫生的习俗。从除夕至正月初四是不能打扫卫生的，即使要扫也只能在屋里略略清扫下，垃圾还必须堆放在屋内门口的拐角处，但到了破五，家里就可以进行一次彻底的大扫除了。

关于“破五”的来历，有许多说法，其中一种说法与送祖宗有关。在民间，历来就有除夕夜把祖宗请回家过年的做法。等到了正月初五那天，老祖宗们在家团聚了几天时间，美食趣事也享受了不少，是时候把老祖宗请回去了。可是也不能叫老祖宗空手而归吧，于是初五这一天要烧香、摆宴、放鞭炮、吃饺子，为的是让老祖宗风光体面。

放爆竹

在明人许仲琳所著的神魔小说《封神演义》中有这么一段情节，说那姜子牙到昆仑山学道整整40年，回家后娶了68岁的马氏为妻。虽说这姜子牙是学成归来，却没有可以用以谋生的一技之长，其妻马氏见其如此，更是恨铁不成钢，常常对其冷嘲热讽，两人之间争执不断。最后，马氏要求姜子牙以一纸休书结束两人的关系，虽然姜子牙出言挽留，但马氏心意已决，丝毫不为所动，姜子牙无奈，便只好写了休书，两人从此各奔前程。本是飞鸟各投林的故事，谁知不久姜子牙便发达了，马氏内心自然是悔不当初。一日姜子牙分封诸神结束，便见门外一人急匆匆地跑来，定睛一看，不就是当初哭着闹着要离开自己的马氏吗！不料她此番前来，不但不为自己昔日所为感到羞愧，反倒要向姜子牙讨个神位，姜子牙一方面念及往日情分，但心里终究气不过，便封其为“穷神”。她到哪哪就受穷，人们将她视如蛇蝎，唯恐避之不及。为了尽可能地躲避她，人们决定将正月初五这天称为“破五”，这一天老百姓会在大门口贴上“福”字，穷神一看福就进不了门，而放鞭炮呢，其实就是为了将她吓跑。

▲ 姜子牙

在传说中，穷神虽然并非吉神，但为了远离贫困与饥饿、祈求财富与幸福，自古以来，下层百姓祭祀穷神的习俗一直广为流传，但与一般欢喜庆贺、热烈相迎的方式有所不同。破五这一天的重头戏是“送穷”！唐代诗人姚合有诗《晦日送穷》云：“年年到此日，沥酒拜街中。万户千门看，无人不送穷。”描绘的正是彼时千家万户送穷的情景。

送穷亦称送五穷、赶五穷、送穷土、送穷灰，或者叫送穷媳妇儿——用纸剪一个小人和新年里积攒下来的垃圾一起送走，就是“送穷”。而把别人家的“穷媳妇”拿走，则曰“得富”，二者异曲同工。

早前，在山东济南一带就有“打五穷”的习俗，只是做法有些不一样。每年破五，乞丐面染朱红，身穿戏袍，头顶破草帽，装扮成五穷官的模样，手里拿大扫帚，挨家挨户地清扫大门外的地面，而主人家见了则要向他们施舍食物，同时佯装追打，以此来赶走贫穷。

和送穷相对应的，是迎财神。据说初五是五路神即财神的生日，除夕打烊后暂时歇业的商店在这一天重新营业会发利市，故要放爆竹，供羊头、鲤

鱼以取吉祥有余之意。“五日财源五日求，一年心愿一时酬。提防别处迎神早，隔夜匆匆抱路头。”清人顾禄在《清嘉录》中引了一首蔡云的竹枝词，词中描绘的正是苏州人破五迎财神的情形，这“抱路头”说的就是迎财神。

中国民间传说中的财神爷不止一位，其中文财神有比干和范蠡，武财神则有赵公明和关公等。元末的何五路将军英勇战死，被祀为五路神，又称五显神、五通神。因五路即东西南北中，而财货行于路，商业贸易促进了钱财的流通，故人们又以五路神为财神。位于杭州北高峰顶的灵顺寺从宋代起就供奉五显财神，称“天下第一财神庙”。它现在的大殿是明末清初的建筑，虽规模不能和山脚下的灵隐寺相提并论，但占据地利，山水形胜，端凝玲珑之外并不失名寺宝刹的庄严肃穆。若是初五、元宵，财神庙里外更是挤得水泄不通，烟雾缭绕，手持香烛的男女摩肩接踵——现在，知道破五也要吃饺子的人恐怕不多了，但不管时间地点，见财神就拜的人，却是越来越多了。

▲《财神到》剪纸

新岁逢人日，老夫持道斋。
断冰浮野水，微绿发枯荄。
雾景丰年象，闲吟旷士怀。
春幡已陈迹，斗巧笑吴娃。
——宋·陆游《人日》

人日 金钗斜戴宜春胜

过大年初三，在人们的感觉里，就等着元宵赏灯的那一场热闹给“年”画上圆满热烈的句号了。其实，这中间还有一个颇有意味的日子值得说一说和过一过——这就是“人日”，即正月初七。

每个民族都有创世纪的故事，我们的祖先认为女娲创世，正月初一造鸡司晨，初二造狗看门，初三初四造猪羊供食，初五初六造牛马拉车，到了初七，才创造了万物之灵长——人！所以，农历正月初七就被称为“人日”，是人类的生日，亦称“人胜节”“人庆节”“人口日”“人七日”等。

▲ 伏羲女娲绢画

古人在这一天往往不出门走亲访友，而是阖家团聚吃拉魂面，寓意把节日里玩乐了的心思收回来，准备新一年的劳作。此外还要占卜吉祥，放生鱼虾禽鸟，在床帐上贴与生育有关的剪纸，比如陕西的宝葫芦、陇东的生命树、山东的招魂娃娃和甘肃的双狗抓髻娃娃，以祈求多子和儿童健康成长。

这一天吹糖人、捏面人等民间艺人照例要出来沿街叫卖，往往惹得小孩围观不肯离去，等大人掏了腰包又雀跃欢呼起来。当然，人日还有丰富多彩的文体活动，有的地方是闹秧歌，有的地方流行蹴鞠(即现在的足球)，孩子们则玩捉迷藏、老鹰抓小鸡、打陀螺、踢毽子等，和过年的气氛颇为合拍。

南朝梁宗懔的《荆楚岁时记》记载这一天要“以七种菜为羹”，谓七菜羹，即七种蔬菜煮成的杂菜汤。在农业社会，大家是祈望吃了七菜羹，来年大丰收。而人日吃了七菜羹，也代表新年已告一段落，初八应该打起精神，开始新一年的劳作了。由于中国幅员辽阔，不同地区同一种风俗自然存在差异，不过，一般来讲，组成七菜羹的食材有大（芥）菜、厚合、芹菜、蒜、春菜、韭菜、芥蓝，七种蔬菜同煮，寄寓“新（芹）春发（蒜）大财（大菜），久（韭）合各人（芥蓝）”的吉祥彩语。直到今天，潮州人依旧保留着吃“七菜羹”的习惯。

人日戴“人胜”的习俗可谓由来已久，这“人胜”又叫彩胜、华胜，就是用镂金箔或彩纸剪成花或人形贴在屏风和帐子上，或戴在头上。这一习俗是从晋代开始的，饰品的形状取自西王母所戴首饰的模样。在汉代的礼制中，只有太皇太后、皇太后这样身份尊贵的妇人参加皇家庆典祭祀时可以佩戴华胜，用以显示自己尊贵的身份。但到了魏晋时期，汉代礼制逐渐走向没落，一种推崇“越名教而任自然”的率真恣意的思想悄然盛行，于是昔日在汉代贵妇发髻之上招摇的华胜逐渐在平民百姓的生活里流行了起来。女子将人日时佩戴华胜看作时髦之举。

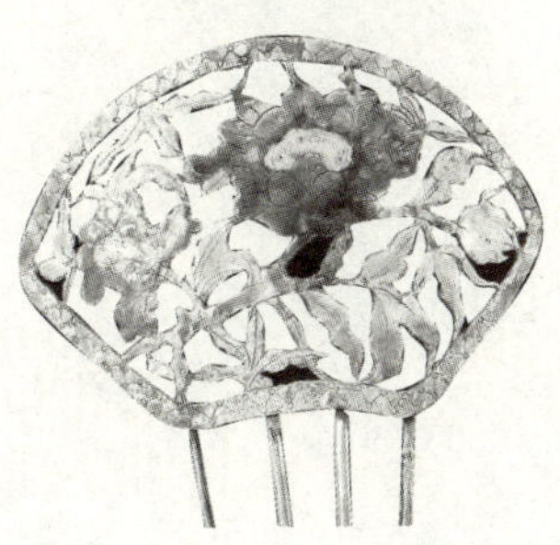

▲ 华胜

事实上，除了受到女子的推崇，“人胜”还有一层特别的意义，就是指人进入新年，形貌精神都一改旧态，而成新人。魏晋，是中国历史上社会风气开放、思想异常活跃的时期，名士贤人崇尚自然，超然物外，率性狂诞，推崇个性的自由与解放，重视人的自我价值，故而魏晋时代人日剪彩为人的做法也体现了彼时珍爱生命的思想风貌，正如诗人卢仝在《人日立春》里写的那样：“春度春归无限春，今朝方始觉成人。”唐代诗人李商隐也作有《人日即事》诗道：“镂金作胜传荆俗，剪彩为人起晋风。”“人日”这天，人们镂金作胜（胜是妇女用的一种首饰），剪彩为人，以欢度节日。所谓的“镂金作胜”是对战国时期出现的金银箔、皮革雕镂艺术的一种传承，只不过创作是以“人”为中心的。“胜”的形式大约有三类，一类是人物题材的，称为“人胜”；一类是花草题材的，称为“华胜”或“花胜”。传说西王母头上就戴着“华胜”，具有“祥瑞”之意；还有一类是由两个菱形部分相叠而成的方形的彩胜，称为“方胜”，有“同心双合，彼此相通”的吉祥含义。元人王实甫《西厢记》第三本第一折，说崔莺莺写好了约张生的一封书信，“不移时，把花笺锦字，叠做个同心方胜儿”。

宋·苏汉臣《妆靓仕女图》

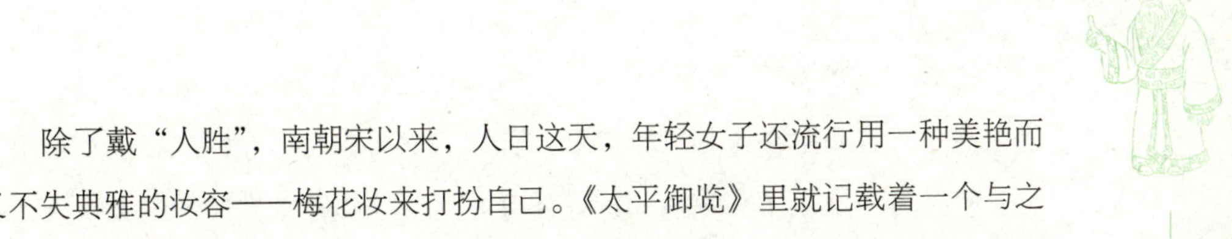

除了戴“人胜”，南朝宋以来，人日这天，年轻女子还流行用一种美艳而又不失典雅的妆容——梅花妆来打扮自己。《太平御览》里就记载着一个与之相关的美丽传说。据说一年人日，南朝宋武帝刘裕的女儿寿阳公主在含章殿檐下休息，殿前的梅树被微风一吹，有一朵梅花正巧飘落在公主额上，成瓣的梅花拂之不去，经过了三天的时间才洗去。宫中女眷见公主额上的梅花印非常漂亮，遂纷纷效仿，这便有了后来流行在民间的梅花妆，一直到唐五代都非常流行。寿阳公主还因此封为十二花神中的一月梅花神。传说的真假虽不得而知，但唐代诗人罗隐的诗《人日新安道中见梅花》也对此事记有一笔：“长途酒醒腊春寒，嫩蕊香英扑马鞍。不上寿阳公主面，怜君开得却无端。”

汉时《东方朔占书》说，初七人日，从旦至暮，月色晴朗，夜见星辰，人民安，君臣和会，是个好日子。在这一天，唐皇还照例以“人胜”赐臣下，并登高赋诗，故当时诗人多有人日侍宴或赏雪应制之类的作品。

最著名的人日诗要数隋代薛道衡的《人日思归》：“入春才七日，离家已二年。人归落雁后，思发在花前。”作者在隋文帝开皇四年（584）的岁末奉旨出使南方的陈朝，这首诗就写在第二年的正月初七。大雁是候鸟，每年春天北归。诗人见大雁由南归北，自己却不能回家——江南初春的花朵原本是让人快乐的，自己因为思乡，在花前反而更惆怅了。而七天和两年的时间对比，更表达了诗人的思乡之情。后来晚唐李商隐的《人日即事》诗尾联还曾改写薛诗：

> 文王喻复今朝是，子晋吹笙此日同。
> 舜格有苗旬太远，周称流火月难穷。
> 镂金作胜传荆俗，剪彩为人起晋风。
> 独想道衡诗思苦，离家恨得二年中。

诗人之间的交往看似平淡如水，却又往往情意深长，杜甫与高适两人之间也有一段人日故事传为后世佳话。杜甫旅居成都时，在好友高适及表弟王十五等亲友的资助下，在西郊浣花溪畔修建了一座草堂居住。唐肃宗上元二年（761）的人日那天，在蜀州（今四川崇州）任刺史的高适想念杜甫，写了一首题为《人日寄杜二拾遗》的诗寄赠杜甫，诗中有“人日题诗寄草堂，遥怜故人思故乡。柳条弄色不忍见，梅花满枝空断肠……今年人日空相忆，明年人日知何处”的句子，当时杜甫未及时作答。后来杜甫离开四川，漂泊湖湘。唐大历五年（770），他整理文稿时重读高适的这首诗，睹物思人，潸然泪下，挥毫而作《追酬故人高蜀州人日见寄》诗：“自蒙蜀州人日作，不意清诗久零落。今晨散帙眼忽开，迸泪幽吟事如昨。”

清咸丰四年（1854），时任四川学政的何绍基特地在人日拜谒杜甫草堂，留下了一副对联：“锦水春风公占却，草堂人日我归来。”这副对联至今仍悬挂在杜甫草堂工部祠大殿外。此联一出，骚人墨客竞相效仿，于每年人日云集草堂，挥毫吟诗，凭吊诗圣，久之便成了当地的风俗。

▲ 杜甫草堂

清康熙年间，桐城人孙元衡被贬台湾。他有《初春杂咏》八首，其六云：“人日天气清，生理荷深眷。樵客负薪归，中有桃花片。因风堕我前，蜂蝶远相恋。如何离本根，犹以色自炫？大都绝世姿，摧折亦婉娈！试看西园中，千花乱如霰。为语飘零人，不得相轻贱。”在天气晴好的人日，远在台湾岛的孙元衡以飘零的桃花自比，自伤自怜，嗟叹境遇之飘零，含蓄委婉，情景交融。

古人咏人日的诗词非常多，仅宋代蒲积中所编《古今岁时杂咏》就收录五十余首。可惜晚近之世，人日却渐渐淡出了人们的视线。

锦里开芳宴，兰红艳早年。
缛彩遥分地，繁光远缀天。
接汉疑星落，依楼似月悬。
别有千金笑，来映九枝前。
——唐·卢照邻《十五夜观灯》

元宵 火树银花不夜天

越剧《王老虎抢亲》里有句唱词：“正月十五是元宵，人山人海闹盈盈。”元宵，是“年”的大句号，最后的“嘉年华”。元宵又称上元节、元夕、灯节，要赏花灯、猜灯谜、吃元宵，热闹极了。

吃元宵的习俗起源，民间说法不一。有人说春秋时有一年的正月十五，楚昭王复国归途中经过长江，看到江上有个浮物，色泽白中略微带黄，船工将其捞起来献给楚昭王。打开一看，内中有红如胭脂的瓤，众人不知此为何物。楚昭王派人去问孔子，孔子答曰此物主复兴之兆。于是以后每逢这天昭王就命人仿制此果，煮而食之。还有的说汉武帝时有个叫元宵的宫女十分擅长做汤圆，于是人们用她的名字命名这种美食。比较有趣的一个传说是，据说因为“元宵”与“袁消”谐音，袁世凯下令不允许说“元宵”，只能称“汤圆”，有人还专门写了一首打油诗讽刺这位短命的洪宪皇帝：“诗吟圆子溯前朝，蒸化煮时水上漂。洪宪当年传禁令，沿街不许喊元宵。”

从《平园续稿》《岁时广记》《大明一统赋》等史料的记载看，元宵作为欢度元宵节的应时食品是从宋朝开始的。当时称元宵为“浮圆子”“圆子”“乳糖元子”和“糖元”。因元宵节必食“圆子”，所以人们以元宵命名之。

◀ 清·高桐轩《庆赏元宵》

在北京，有的人认为元宵节的由来与东汉明帝点灯敬佛的做法有关，也有人觉得元宵节应该起源于“火把节”，古时百姓为了保证收成，常常举着火把到田间驱赶虫兽，到后来，这种与农事相关的活动渐渐变成了人们狂欢、庆贺的仪式，进而又演变成了重要的传统节日——元宵节。

猜灯谜很好玩又有益智作用，老少咸宜，贫富不拘，是元宵节时甚为流行的一项节日习俗。灯谜文化的起源可以追溯到2500年前的先秦时期，它的得名与远古时节日悬挂红烛纸绢表示喜庆有关。古时每逢元宵佳节，人们便将谜语写在纸上，随后再将写有谜语的纸粘贴在火红的灯笼上，以灯悬迷，故名之“灯谜”。制作好的灯谜需要智慧和巧思，不仅需要大量运用比喻、借代、想象及拟人等手法，且知识涉及古今中外、天文地理、文学历史等不同领域，极具知识性又不乏趣味性，常常给人以妙趣横生、回味无穷之感。所以灯谜和对联一样，成为一种以精巧玲珑为特点的特殊文体。

清人钱琦在他的《台湾竹枝词》里便描绘了彼时灯谜活动热闹非凡的场景：“烟花火树拂墙过，映带春灯谜语多。忽听鼓声喧震地，绿旗营里唱秧歌。”在清代李汝珍所创作的长篇小说《镜花缘》中也有不少篇目都写到了猜谜和制谜活动，无论是书中第三十一、三十二两回描写智佳国“春社”挂猜的繁华场面，还是第八十一、八十二两回表现众才女在礼部尚书卞滨家的百人大会，都生动且详实地摹画出了清代中叶百姓猜谜活动的热闹场景。

元宵赏灯也是很重要的娱乐活动，花灯上往往是象征安泰祥和的图案词句和脍炙人口的民间故事。越剧《追鱼》里宰相金宠嫌贫爱富，将白衣女婿张珍赶出府邸，鲤鱼精爱他才华绝世性真淳，赶上前去，夫妻双双同观花灯。

《金瓶梅》第十五回《佳人笑赏玩灯楼》中有吴月娘率西门家众女人去赴李瓶儿元宵之宴的情节：李府楼檐前挂着湘帘，悬着灯彩，一干女眷“头上珠翠堆盈，凤钗半卸，俱搭伏定楼窗观看”；她们看到“那灯市中人烟凑集，十分热闹；当街搭数十座灯架，四下围列诸般买卖，玩灯男女，花红柳绿，车马轰雷……”这虽然是小说，但反映了明代富家女子元宵取乐的情形。这其间，作者如是描写西门家女人们那日的装束：“吴月娘穿着大红妆花通袖袄儿，娇绿缎裙，貂鼠皮袄。李娇儿、孟玉楼、潘金莲都是白绫袄儿，蓝缎裙。李娇儿是沉香色遍地金比甲，孟玉楼是绿遍地金比甲，潘金莲是大红遍地金比甲”，看似闲笔，却细微而深刻地透露了妻妾嫡庶的分别以及她们个性的鲜明差异。

▲ 清·郎世宁《十二月令图·正月观灯》

《东京梦华录》中记载：每逢灯节，开封御街上，万盏彩灯垒成灯山，花灯焰火，金碧相射，锦绣交辉。京都少女载歌载舞，万众围观。“游人集御街两廊下，奇术异能，歌舞百戏，鳞鳞相切，乐音喧杂十余里。”大街小巷，茶坊酒肆，灯烛齐燃，锣鼓声声，鞭炮齐鸣，百里灯火不绝。真是热闹非凡！

“一曲笙歌春如海，千门灯火夜似昼。”历代文人墨客赞美元宵花灯的诗句数不胜数，如今读来仍趣味无穷。

唐代时，元宵放灯已发展成为盛况空前的灯市。京城“作灯轮高二十丈，衣以锦绮，饰以金银，燃五万盏灯，簇之为花树”。唐代诗人苏味道的《正月十五夜》诗云：“火树银花合，星桥铁锁开。暗尘随马去，明月逐人来。”描绘了灯月交辉，游人如织，热闹非凡的场景。值得称道的，还应首推唐代诗人崔液的《上元夜》：“玉漏铜壶且莫催，铁关金锁彻明开。谁家见月能闲坐，何处闻灯不看来。”这里虽没有正面描写元宵盛况，却蕴含着欢乐愉悦、热烈熙攘的场景。

宋代的元宵夜更为壮观。苏东坡有诗云：“灯火家家有，笙歌处处楼。”范成大也有诗写道：“吴台今古繁华地，偏爱元宵影灯戏。”诗中的“影灯”即“走马灯”。大词人辛弃疾有一阙千古传诵的颂元宵盛况之词《青玉案·元夕》：

> 东风夜放花千树，更吹落、星如雨。宝马雕车香满路。凤箫声动，玉壶光转，一夜鱼龙舞。
>
> 蛾儿雪柳黄金缕，笑语盈盈暗香去。众里寻他千百度，蓦然回首，那人却在，灯火阑珊处。

明代更加铺张，将元宵放灯从三夜改为十夜。唐伯虎曾赋诗盛赞元宵节，把人们带进迷人的元宵之夜。诗曰：“有灯无月不误人，有月无灯不算春。春到人间人似玉，灯烧月下月似银。满街珠翠游春女，沸地笙歌赛社神。不展芳樽开口笑，如何消得此良辰。”

灯官好，灯官妙，听我把灯名报一报：一团和气灯，和合二圣灯，三羊开泰灯，四季平安灯，五谷丰收灯，六国封相灯，七财子禄灯，八仙过海灯，九子十成灯，十面埋伏灯，这个灯，那个灯，灯官我一时报不清……

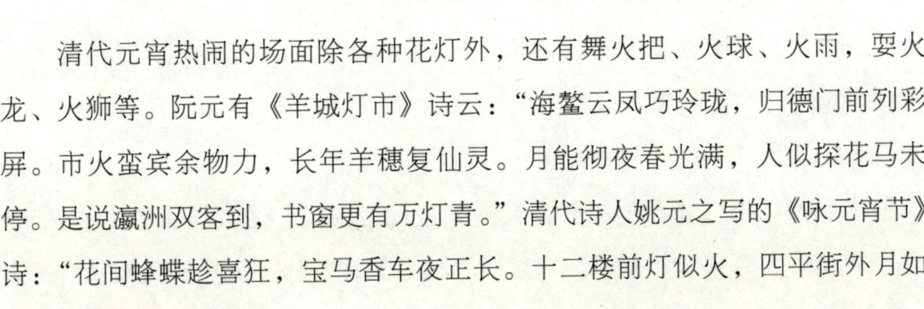

清代元宵热闹的场面除各种花灯外，还有舞火把、火球、火雨，耍火龙、火狮等。阮元有《羊城灯市》诗云：“海鳌云凤巧玲珑，归德门前列彩屏。市火蛮宾余物力，长年羊穗复仙灵。月能彻夜春光满，人似探花马未停。是说瀛洲双客到，书窗更有万灯青。”清代诗人姚元之写的《咏元宵节》诗：“花间蜂蝶趁喜狂，宝马香车夜正长。十二楼前灯似火，四平街外月如霜。”更是生动、精彩。

元宵之夜，彩灯灿烂，焰火满天，照耀夜空，犹如白昼，真可谓“火树银花不夜天”。

元宵节历史悠久，与元宵节相关的习俗在全国各地不尽相同，例如老杭州人过元宵节，素来有“上灯圆儿落灯糕”的说法，意思是正月十三上灯的时候要吃汤圆，等到正月十八落灯的时候就要吃年糕了。也就是说，老杭州人过节，要从正月十三到正月十八才算结束。

在老北京人的节日记忆里，元宵节“烧火判儿”是一项观赏性极佳的节庆活动。所谓“判儿”其实就是判官，泥塑的判官里头放置一个炉膛，往里面装煤点火后，判官因灼烧而通体变红，且有火焰从判官的七窍中喷出，十分好看。

▲ 百子舞龙瓷器

在四川，有句俗话叫做“正月十五大月亮，蒜苗扯得光桩桩”，说的就是四川正月十五时一个有趣的习俗“偷青”。“偷青”就是摘青，不过摘的不是自家的“青”，而是到别人家的园子里将葱、蒜、萝卜等菜“偷”回来。不过被偷的人家也不会动气，在四川方言里，生菜与“生财”谐音，萝卜则被称为“菜头”，谐音“彩头”，蒜则同音于“算”，既有祈求发财的美好愿望，又有讨个“好彩头”“好打算”的寓意。

在孔老夫子的故乡山东，每年正月十五，费县玉皇庙都要举行盛大的“送驾”仪式。送驾的队伍由锣鼓队、高跷队、旱船队、舞狮队等组成，他们紧跟着作为先导的八面彩旗进入庙宇，焚香称颂，载歌载舞。

晋阳地区闹元宵可谓是热闹非凡，尤其是太原一带，每逢元宵，都要“闹火红”——太原锣鼓、舞狮子、耍龙灯、踩高跷、八音会、莲花落、二鬼摔跤、跑场秧歌等，都是当地颇受欢迎的节庆活动，体现出了浓郁的生活气息与地方特色。

陕西一带元宵时的习俗则稍显特别。每年正月十五，家家户户都要在祖坟上悬挂一盏红灯，同时焚香拜祭，以告慰祖先在天之灵，这一习俗被称为“挂坟灯”。

元宵也不全是狂欢与庆祝，也有人在这一天黯然神伤，凄苦悲酸。北宋朝廷倾溃后，李清照流寓南方，后又经历家破之痛，虽然“元宵佳节，融和天气”，但她心境凄凉，无意狂欢，只能一一拒绝了邀约聚会的

文友："来相招、香车宝马，谢他酒朋诗侣。"她无限怀念过去的元宵盛况："中州盛日，闺门多暇，记得偏重三五。铺翠冠儿，捻金雪柳，簇带争济楚。"更觉今非昔比，于是一声长叹："如今憔悴，风鬟雾鬓，怕见夜间出去。不如向帘儿底下，听人笑语。"出语辛酸，令人伤怀。而更叫人一掬悲怀之泪的是另一宋代词人欧阳修，他写了一首著名的《生查子·元夕》：

> 去年元夜时，花市灯如昼。月上柳梢头，人约黄昏后。
> 今年元夜时，月与灯依旧。不见去年人，泪湿春衫袖。

作品以对比手法写出了失意人的落寞惆怅和悲苦，婉约晓畅，饶有韵味，既写出了昔日情人相恋时甜蜜痴缠的时光，又流淌出了伊人不在的惆怅与凄楚。"物是人非事事休，欲语泪先流"，任君"泪湿春衫袖"，却已"不见去年人"，此情此伤，更与何人说?

诗人们虽然因为各自的境遇而黯然神伤，但元宵节的基调无疑是欢快而又喜庆的。这一天，作为"年"的结点，在庆贺与狂欢之余，人们早已将盼望阖家美满、万事如意的美好愿景一同包进了可口的元宵里……

图书在版编目(CIP)数据

老祖宗说节令 / 郭梅，童涵冰著. —杭州 : 浙江古籍出版社，2016.7（2020.6重印）

ISBN 978-7-5540-0862-1

Ⅰ.①老… Ⅱ.①郭… ②童… Ⅲ.①节令-风俗习惯-中国 Ⅳ.①K892.18-49

中国版本图书馆CIP数据核字(2016)第165231号

老祖宗说节令

郭梅　童涵冰　著

出版发行　浙江古籍出版社

（杭州市体育场路347号　电话：0571-85068292）

网　　址　www.zjguji.com

责任编辑　陈临士　张顺洁

特约编辑　裘禾峰

责任校对　余　宏　吴颖胤

封面设计　刘　欣

老祖宗形象设计　李　阳

责任印务　楼浩凯

照　　排　杭州兴邦电子印务有限公司

印　　刷　杭州富阳美术印刷有限公司

开　　本　710mm×1000mm　1/16

印　　张　13.25

字　　数　200千字

版　　次　2016年8月第1版

印　　次　2020年6月第3次印刷

书　　号　ISBN 978-7-5540-0862-1

定　　价　26.00元

如发现印装质量问题，影响阅读，请与本社市场营销部联系调换。